AF231940

APHAËL D'AGUILAR,

OU

ES MOINES PORTUGAIS,

PUBLIÉ

PAR B. DE ROUGEMONT.

PARIS.

T.ᶜ GRANDIN, LIBRAIRE,

rue du Cloître Saint-Benoît, n°. 12.

1820.

APHAEL D'AGUILAR,

OU

LES MOINES PORTUGAIS.

II.

IMPRIMERIE D'A. BERAUD,
Rue Saint-Denis, n°. 374.

RAPHAEL D'AGUILAR,

OU

LES MOINES PORTUGAIS,

HISTOIRE VERITABLE,

Dont la première Édition a paru en 1738,
Et dont la seconde a été publiée en 1820;

Par de ROUGEMONT.

~~~~~~~~~~~~~~~~~~~~~~~~~~~~~~~~~~

TOME SECOND.

~~~~~~~~~~~~~~~~~~~~~~~~~~~~~~~~~~

PARIS,

Théophile GRANDIN, Libraire, rue du Cloître Saint-
Benoît, n°. 12.

DELAUNAY, ⎰ Libraires, au Palais-Royal, Galeries
PONTHIEU, ⎱ de Bois.

~~~~~~~~~~~

1820.
~~~~~~~~~~~

RAPHAEL D'AGUILAR,

OU

LES MOINES PORTUGAIS.

LIVRE TROISIÈME.

CHAPITRE PREMIER.

Histoire d'un jeune Licencié, dupe des dames. — Spectacles et friponneries.

———

Les comédiens se retirèrent fort contens de Castilmoro, qui, de son côté, ne l'était pas moins d'eux ; il nous quitta pour aller repasser quelques-uns de ses vieux prônes.

Après le déjeûner, je conduisis
les dames à la foire; il fallut, selon
l'usage, leur offrir quelques bagatelles : j'en fus quitte pour deux
ducats; mais il en coûta bien davantage à un jeune licencié, dont
elles firent la rencontre.

C'était un de ces ecclésiastiques
musqués, qui courent les femmes
et les bénéfices. Il en avait extor-
qué un à force de bassesses, et par
le moyen d'une des dames, qui
était avec nous, à laquelle il faisait une pension de cinquante ducats : dès qu'il l'aperçut, il fendit
la presse pour venir nous joindre;
ce ne fut pas sans déranger le plis
de sa soutanelle et l'économie de
sa coîffure, ce qui le mit dans une
si grande colère, que je crus qu'il
allait faire main basse sur les pay-

sans. La vue des dames le radoucit ; son courroux se changea , tout-à-coup, en un air gracieux ; il les complimenta sur leurs attraits , afin qu'on lui rendît le change ; ce qu'elles ne manquèrent pas de faire. Alors il se mit à se mordre les lèvres pour se les rendre ver-meilles , et à se rétrécir la bouche en parlant, ce qui rapetissait sin-gulièrement ses idées. Je ne pus m'empêcher d'en rire , aussi bien que de ses haussemens d'épaules, et des autres contorsions qu'il fai-sait, en saluant les passans ; car, afin de nous donner à entendre qu'il était fort connu dans le pays, il se retournait à chaque moment pour saluer toutes les personnes qu'il voyait bien mises.

Les dames qui, sur l'échantillon,

connurent le personnage, lui demandèrent ce qui l'avait attiré à la
foire. — Ma bonne fortune, leur
dit-il, puisque je devais vous y rencontrer, et deux chevaux que je
viens acheter pour mettre à ma
calèche; mais ce ne sera qu'après
que je vous aurai fait mes petits
présens..... Ça, monsieur le Marchand, continua-t-il, qu'on montre à ces dames tout ce qu'il y a de
plus galant, et ne vous embar-
rassez pas du prix; le marchand,
sur cette assurance, déploya en
effet ce qu'il avait de plus riche
et de plus précieux. Ces dames firent d'abord quelques façons; mais
le licencié ayant insisté, elles con-
sentirent à prendre quelques bi-
joux, pour ne pas le contrister; j'ad-
mirais la fatuité de l'un et l'effron-

terie des autres ; mais j'ai su depuis que c'était l'usage parmi ce qu'on appelle femmes *aimables*. On remercia fort monsieur le Bénéficier de sa galanterie, et nos dames le quittèrent en lui faisant de profondes révérences.

Nous n'avions pas fait trente pas qu'elles se mirent à rire de la bonhomie du licencié. Surpris de ce procédé, je leur fis part de mon étonnement. Le pauvre sire, leur dis-je, se serait bien passé de notre rencontre ; vous n'avez pas mal entamé sa bourse. — Bon, reprit une des dames, le voilà bien malade ; ne faut-il pas qu'il lui en coûte quelque chose pour faire ses caravannes. Il fait le galant, le passionné ; n'est-il pas juste qu'il nous dédommage, par quelque chose de solide, de ses fadeurs et de ses impertinences ? D'ailleurs c'est du bien d'église ; ainsi il n'y a nuls remords à craindre, ces messieurs le gagnent trop aisément, pour qu'on se fasse scrupule de le partager avec eux.

Pendant que nous nous entretenions ainsi du licencié, j'aperçus une troupe de sbires, qui s'avançaient à grands pas vers l'endroit où nous venions de le quitter. Cela me fit soupçonner qu'il pouvait bien être survenu quelque démêlé entre le marchand et lui. Pour m'en éclaircir, je quittai la compagnie ; mes conjectures n'étaient que trop vraies : je trouvai deux hommes si animés l'un contre l'autre, qu'ils étaient sur le point de se prendre aux cheveux. Le marchand, en homme prudent, pour s'assurer de son débiteur, avait envoyé chercher la garde, qui, étant arrivée, demanda de quoi il était question ? -De me faire payer, dit-il, de cet escroc, qui vient de m'enlever mes marchandises, et qui ne veut pas les payer ce qu'elles valent. Le licencié convint de la dette ; mais il demanda qu'on lui fît justice d'un fripon, qui, pour une mante, un attirail de toilette, des boucles d'oreilles, deux colliers et deux paires de brasselets, n'avait point de honte de lui demander cinquante ducats. Ce n'est pas trop pour un homme comme vous, répondit l'alcade. Vous n'en seriez pas quitte pour cent, si vous aviez affaire à certains évêques : encore y joindraient - ils quelques années de retraite, pour vous apprendre à faire un si bon emploi du patrimoine des pauvres.

Malgré cette sage remontrance, le licencié refusait toujours de payer ; mais l'alcade ayant donné ordre qu'on le menât en prison, il fallut financer. Il compta donc au marchand les cinquante ducats, qu'il avait destinés pour l'achat de ses chevaux, dont il fut obligé de se passer encore.

Je retournai aussitôt vers nos dames, que je trouvai en fort bonne compagnie ; c'était le seigneur du bourg et plusieurs autres personnes de sa connaissance. Comme cette nouvelle compagnie était plus de leur goût que celle de Castilmoro, et de ses Missionnaires, elles acceptèrent la proposition

qu'on fit de ne point se séparer.
Cependant, comme il y aurait eu de
l'impolitesse à quitter si brusque-
ment ce licencié, qui les avait si
bien reçues, on convint qu'elles
passeraient encore la journée chez
lui.

Nous ne quittâmes la foire que
pour aller à l'église, où l'entretien
de Castilmoro, avec les comédiens,
nous promettait quelque nouvelle
scène.

L'église se trouva remplie de
très-bonne heure ; je m'y serais
peut-être ennuyé, sans un spectacle qui m'aurait certainement
bien réjoui, si la religion y eût été
un peu moins intéressée ; ce fut de
voir, d'une part, nos Missionnaires
dans leurs boêtes, toujours la main
en l'air ; et de l'autre, une foule

incroyable de paysans qui venaient se jeter à leurs pieds. Ces pères avaient été si occupés, qu'ils n'a-vaient pu trouver le temps de dî-ner : chose étrange, et qui paraîtrait presque incroyable, si l'on ne sa-vait que l'amour de l'argent est encore plus fort chez les Moines que la gourmandise! Celui que chaque pénitent jettait dans une espèce de tronc qu'ils avaient fait attacher à chaque confessionnal, leur avait fait perdre l'idée de manger; aussi le sermon de Cas-tilmoro ne leur fit-il point discon-tinuer ces fonctions lucratives.

Ce licencié étant monté en chaire, nous débita une pièce fort instruc-tive sur la médisance. Il entreprit, à cette occasion, de faire l'apologie d'un certain religieux de son ordre,

que la médisance n'avait pas épargné, quoique sa sainteté fût, dit-
il, attestée par toute sa compagnie.
Pour nous en convaincre, il nous
fit un petit abrégé de sa vie, dans
lequel il n'oublia pas ses talens ad-
mirables pour la direction des
jeunes filles : talens, ajouta-t-il,
que personne n'avait jamais eus
comme lui : aussi lui attirèrent-ils
grand nombre d'ennemis. Il nous
fit ensuite le récit de toutes les médisances que l'on avait débitées sur
son compte : enfin, pour nous
faire mieux voir les tristes effets
de ce péché, il nous assura que la
réputation de ce père avait coûté
à ses confrères plus d'un million à
rétablir ; et voilà, poursuivit-il en
apostrophant son auditoire, voilà
ce que font vos langues médisan-

tes. Vous vous imaginez quelquefois qu'un mot dit au hasard, que le récit d'une histoire, vraie ou fausse, n'aura point de suite : dans cette confiance, vous vous égayez sur le compte des religieux. Le monde, qui est malin, et qui ne les aime point, écoute avec avidité le mal que vous en dites, et prend plaisir à le répandre. Cela vient enfin aux oreilles des magistrats qui en prennent connaissance, et il faut, après cela, que tout un corps paie votre démangeaison de parler.

Cette apostrophe, faite à des paysans, fut pour moi une énigme inintelligible : la suite m'en développa le mystère. Castilmoro ne nous eût pas plutôt congédiés, que nous nous vîmes accueillis par deux

ou trois comédiens qui nous pres-
sèrent fort d'entrer chez eux, nous
assurant que nous y verrions des
choses aussi curieuses qu'édifian-
tes. On ne se fit pas long-temps
prier. Nous entrâmes, et sur ce
que les paysans apprirent que ce
spectacle se donnait *gratis*, ils y
vinrent en si grande foule, que le
lieu de l'assemblée, qui était une
grange des plus vastes, se trouva
rempli presque dans le moment.
On ne commença pourtant point,
que Don Castilmoro, qui était allé
se remettre un peu de ses fatigues,
ne fût arrivé. Dès qu'il eût pris sa
place, on leva la toile, et les acteurs commencèrent à nous débiter
une vraie pièce d'écolier, quoiqu'on nous la donnât pour le chef-

d'œuvre d'un célèbre professeur de collége de moines.

Elle fut néanmoins très-bien reçue de Castilmoro, qui y applaudit beaucoup : en quoi il fut secondé par le plus grand nombre de ses paroissiens. Pour en marquer aux acteurs sa reconnaissance, il leur offrit une bourse pleine d'argent; mais ils la refusèrent, et se crurent suffisamment payés par la permission qu'il leur avait donnée de divertir le public. Les musiciens, à leur exemple, se piquèrent de générosité, et jouèrent, immédiatement après la comédie, une ouverture de théâtre. La musique en était des plus baroques : aussi Castilmoro me dit qu'elle avait été composée pour des

Chinois. Il m'apprit que l'auteur était un célèbre religieux de son ordre, qui avait entrepris le premier la conversion de ces infidèles, et qui, pour y réussir, avait débuté chez eux par des pièces de théâtre qu'il avait mises en musique.

Cette ouverture fut suivie d'un récitatif et d'un chœur, dont la musique était un peu plus supportable. Je ne dis rien des paroles, n'ayant pu les entendre, à cause des acclamations des paysans qui se crurent en paradis. Tout ce que je pus comprendre par ce qui en vint jusqu'à moi, fut que le sujet de la pièce était l'apothéose d'un certain jésuite dont on chantait les vertus. La religion, l'éloquence, la chasteté, faisaient son éloge, et exhortaient le peuple à prendre part à leur joie. Cet acte était terminé par un ballet des vertus, dansé par les comédiennes, qui s'en tirèrent très-mal. On voyait facilement qu'elles n'avaient pas une grande habitude de ces sortes de personnages.

Le théâtre ayant changé tout-à-coup de décoration, nous présenta un tombeau, d'où nous vîmes sortir une espèce de monstre, qui représentait la luxure. Cette furie ayant appelé à son secours toutes les puissances infernales, nous les vîmes sortir aussitôt par divers endroits du théâtre, et venir lui offrir leurs services. Il n'y avait point de temps à perdre ; car dans le moment même qu'elle leur donnait ses ordres, on vit partir, de ce même tombeau, une machine en forme de nuage, tout rayonnant de gloire, et qui s'élevait insensiblement vers le centre du théâtre. Dans cette machine était un fantôme noir, soutenu et environné de petits Cupidons, que les paysans prenaient pour des Anges. La Luxure l'ayant aperçu, s'avança avec toute sa suite vers le prétendu demi-dieu, pour s'opposer à son apothéose. Elle lui reprocha en face tous ses vices, lui nomma toutes les filles qu'il avait séduites, et lui fit le dénombrement de tous ses sacriléges : ensuite elle ordonna aux Furies de le détrôner, et de le précipiter dans les enfers.

Son ordre allait être exécuté, s'il ne fût sorti de dessous le théâtre une troupe de Spectres, noirs comme

II.   1 *

des jésuites, qui vinrent au secours de leur confrère. Ils formè-
rent d'abord ensemble une espèce
de ballet, qui se termina par un
combat entre les Spectres et les Furies. Il fut opiniâtre, et je ne sais
qui aurait eu l'avantage, si le ciel
ne se fût mêlé de les séparer. Nous
vîmes donc partir la foudre du
haut du théâtre; mais, soit mala-
dresse, soit malice, la fusée qui
devait tomber sur les Furies, tomba
sur le héros de la pièce, et mit le
feu à sa robe. Il gagna bientôt les
toiles qui formaient le contour du
nuage ; de sorte qu'en un instant,
il se trouva dans un tourbillon de
flammes.

Il y aurait été consumé si, heureusement pour lui, le feu n'eût
passé des toiles aux cordes, qui

tenaient la machine suspendue.
Elle tomba sur deux de ses confrères, qu'elle estropia, et le prétendu demi-dieu se cassa lui-même
les reins en tombant. Castilmoro
le croyant tué, courut aussitôt à
lui ; mais l'histrion, au lieu de
penser à Dieu, jurait comme un
payen, et donnait tout l'ordre au
Diable, surtout le moine dont on
lui avait fait jouer le rôle.

Je crus que cet accident avait
interrompu la pièce ; ce qui me fit
quelque peine : mais une personne
près de laquelle j'étais, et qui avait
autrefois connu le religieux repré-
senté par ce fantôme, m'assura
que c'était le dénouement naturel
de son histoire. Cette fâcheuse catastrophe toucha beaucoup Castilmoro et les paysans, qui ramas-

sèrent entre eux de quoi faire pan=
ser les trois blessés. Pour les missionnaires, soit avarice, soit esprit
de vengeance, il ne fut pas possible d'en tirer seulement une
obole. Ils avaient cependant fait,
ce jour-là, une riche récolte; car
il ne leur était point passé de péché mortel ou véniel par l'oreille,
qui n'eût payé le passage; et Dieu
sait le nombre de ceux qu'on leur
avait avoués !

Castilmoro fut très-scandalisé de
cette dureté : il l'aurait été bien
davantage, s'il eût été témoin d'une
escobarderie des plus insignes, que
je leur vis faire à un galant homme,
qui eut le malheur de se fier à eux.
C'était l'intendant de Don Pompeio, seigneur de Massilia. Cet
homme, qui avait depuis près de

vingt ans le maniement des biens de ce Seigneur, ne les avait pas gérés si scrupuleusement, que sa conscience ne lui en fît de temps en temps quelques reproches. Ils étaient beaucoup plus vifs depuis la mission. Chose étrange que Dieu se fût servi de ministres aussi extravagans pour toucher une âme; mais tout devient bon entre ses mains, et les instrumens les plus méprisables servent quelquefois aux plus grands desseins de sa miséricorde : c'est ce qui arriva dans cette occasion.

Cet intendant étant venu voir ces pères, s'adressa à moi, comme à la première personne qu'il rencontra, et me pria de vouloir bien le faire conduire à la chambre d'un d'eux, qu'il me nomma. Son air contrit,

sa qualité d'intendant, et ses poches surtout qui me parurent en-
flées, me firent soupçonner qu'il
s'agissait de quelque restitution.
Dans cette persuasion, je le conduisis à une chambre à qui ces comédiens évangéliques avaient donné le nom de *chambre des comptes*,
où nous les trouvâmes occupés à
partager entre eux la recette du
jour. Dès qu'ils nous aperçurent,
celui que l'intendant m'avait demandé, vint au-devant de lui, et
l'ayant fait entrer dans un cabinet
qui était proche, ils s'y enfermèrent pour conférer ensemble.

J'étais trop curieux, et je connaissais trop les Moines pour manquer une scène de cette nature;
j'entrai donc le plus doucement
qu'il me fut possible, dans une

chambre qui n'était séparée de ce cabinet que par une cloison fort mince, à travers laquelle on entendait et l'on voyait même tout ce qui se passait. Tout alla comme je l'avais soupçonné : l'intendant ne fut pas plutôt entré, qu'il tira de ses poches quatre sacs pleins d'or; il les remit entre les mains du Moine, aux pieds duquel il se jeta. Le rigorisme du Missionnaire ne put tenir contre ce précieux métal; il ne devait cependant être que le dépositaire : car l'intendant le pria de remettre incessamment cette somme à son maître, de manière qu'il ne sût pas d'où elle lui venait. Le Moine le promit; et après une courte exhortation, d'être plus fidèle à l'avenir, il le renvoya fort soulagé; il fit plus, car le vieil

intendant étant à moitié de l'escalier , il le rappela , en lui disant
qu'il avait oublié quelque chose :
c'était sa bénédiction, dont le
Moine voulut à toute force lui faire
cadeau.

Tout était dans l'ordre jusques-
là ; mais je me doutai bien que
l'avarice du Missionnaire ne reste-
rait pas en si beau chemin. En effet,
étant rentré , sur-le-champ, il vida
les sacs, et se mit à compter ce qui
était dedans. A l'aspect de cet or ,
qu'il regardait avec des yeux de
convoitise , il entra dans une espèce d'extase, qui l'empêcha de
penser que quelqu'un pouvait être
aux écoutes. Le beau coup à faire !
s'écria-t-il , dans son transport exta-
tique ! Deux mille cinq cent soixan-
te-dix-sept ducats ! que cela accom-

moderait bien de pauvres diables de Moines comme nous ! Jamais *avent*, jamais *caréme*, jamais *mission* ne nous rapportera un pareil honoraire !..... Pourquoi ne pas profiter de l'occasion? Le seigneur Pompeio, à qui l'on veut les restituer, n'en a aucun besoin, puisque sa maison n'en a pas été moins bien jusqu'à présent. Or, comme chacun est obligé de donner son superflus aux pauvres ; il s'ensuit qu'il ne pourrait en conscience recevoir la restitution qu'on veut lui faire. C'est donc à nous qu'elle appartient, puisque nous sommes les premiers pauvres. *Busembahum* le décide formellement.

En conséquence de ce beau raisonnement, le Moine emportait les sacs dans la chambre des comptes, lorsque s'arrêtant.... Tout beau ; dit-il, pourquoi partager cette somme avec mes confrères ? quelle part y ont-ils ? N'est-ce pas à ma seule industrie que je suis redevable de ce beau coup de filet ?.... D'accord ; mais nous sommes convenus, en nous mettant en campagne, de partager ensemble la bonne et la mauvaise fortune...... Cependant il y aurait de l'injustice que je n'eusse pas ici quelque chose de plus que les autres. Ça, voici pour mes peines : à ces mots, il sortit du cabinet, où il enferma deux sacs, et alla partager les deux autres avec ses confrères.

Les saints personnages, après avoir fait leur partage, vinrent nous rejoindre dans la salle où Don Pompeio et toute sa compagnie,

que le licencié avait invités à souper, s'amusaient à jouer. Les dames
n'étaient pas plus heureuses ce
jour-là, qu'elles ne l'avaient été la
veille avec nos Missionnaires; ce
qui mit ces derniers en humeur de
jouer. Les dames firent d'abord
quelque difficulté de recevoir les
moines, et elles avaient tort ; car
on ne les eût pas plutôt admis,
que la chance tourna. La bourse
des Moines en pâtit; ils demandèrent, après souper, leur revanche, qu'on leur donna. La restitution de l'intendant s'en alla
dans cette seconde séance.

CHAPITRE II.

Où l'on retrouve encore le moine Pancracio.

Je fus réveillé le lendemain de très-bonne heure par le bruit de toutes les cloches, que je maudis cent fois. Commé je n'étais point de la cérémonie qui devait avoir lieu ce jour-là et qu'elles annonçaient au peuple, je comptais me remettre des fatigues de la nuit précédente; mais la chose ne me fut pas possible: je me levai donc, et descendis dans la salle, où je fus agréablement surpris de trouver Don Antonio, mon oncle : il ne fut pas moins charmé de me voir; car il était fort inquiet de moi. Le sujet de son inquiétude était une nouvelle scène arrivée à Atoniéga, depuis mon départ.

A peine étions-nous sortis de l'hôtellerie, Constance, Don Henrique et moi, que la maison fut investie par une troupe de sbires, conduits par Pancracio. Cette soldatesque s'étant saisie de l'hôte, menaça de le conduire en prison, s'il ne leur livrait, sur-le-champ, deux cavaliers et un ermite, qui devaient être chez lui ! Celui-ci, sans se déconcerter, leur répondit, en montrant le moine Pancracio, qu'ils en tenaient déjà un ; il ajouta que, pour les autres, il ne pouvait les livrer de même, parce

qu'ils étaient partis, et qu'il ne sa-
vait quelle route ils avaient prise.
L'alcáde, croyant que c'était une
défaite de la part de l'hôte, le con-
signa à deux de ses sbires, et en
ayant posté d'autres à toutes les
portes de la maison, il employa le
reste à faire une exacte perquisi-
tion au-dedans. Ils visitèrent partout sans rien trouver ; ce qui les
fâcha d'autant plus, que Pancracio,
pour les encourager, leur avait
assuré que nous avions beaucoup
d'argent. Irrités de ne point nous
trouver, ils revinrent à l'hôte, à
qui, pour l'intimider, ils dirent
qu'on allait lui faire faire son procès par la Sainte - Inquisition,
comme ayant donné retraite à des
ravisseurs qui venaient d'enlever
une religieuse.

Que ne me disiez-vous cela d'abord, leur répliqua-t-il froidement; vous vous seriez épargné bien des peines, et je vous aurais fait trouver tout d'un coup ce que vous cherchez. Tenez, continua-t-il, en désignant Pancracio, voilà votre homme. De plus, je vous apprends que ce beau cavalier, qui rejette sur les autres le rapt en question, est lui-même un religieux travesti, qui, apparemment désespéré de ne pouvoir jouir du fruit de son crime, voulait perdre ceux qui l'en ont empêché. C'est lui qui est arrivé ici le premier avec la religieuse, travestie comme lui. Les deux autres personnes que vous cherchez ne s'y sont rencontrées que par hasard, et sont arrivées à plus de deux heures l'une de l'autre ; ce sont elles qui ont arraché à ce misérable la victime de sa folle passion , et qui se sont décidées à la reconduire à sa famille ou à son couvent. Je ne sais pas trop lequel ; mais je sais que la belle religieuse remerciait la Providence de ce secours inespéré, et qu'elle comblait de bénédictions les deux étrangers que le hasard avait réunis chez moi pour opérer sa délivrance.

Le trouble où ce discours jeta Pancracio , fit soupçonner à l'alcade que ce Moine pouvait bien être en effet l'auteur du crime qu'il voulait faire punir : il le fit donc saisir par ses sbires , qui , l'ayant fouillé, lui trouvèrent un grand nombre de ducats, qu'ils s'approprièrent , sans plus de façon , attendu qu'il faut toujours que la justice exerce son influence partout où elle se montre. Ils s'emparèrent de son portefeuille, dans l'espérance d'y trouver des renseignemens ou des lettres-de-change ; mais il ne s'y trouva que des billets, l'un de la prétendue comtesse de Mascarenez, par lequel cette honnête dame s'engageait à lui livrer l'aimable religieuse dont il était épris ; l'autre d'un Moine apostat, qui était passé dans le royaume d'Algrave, d'où il écrivait à Pancracio qu'il avait fait meubler un appartement pour lui et pour Constance.

Ces preuves n'étaient point équivoques ; toutefois l'alcade ne s'en contenta pas : l'envie qu'il avait de trouver le Moine encore plus coupable, ou pour mieux dire, de s'enrichir de ses dépouilles, le fit courir, avec ses sbires, à la chaise de Pancracio, derrière laquelle étaient ses valises et ses males. Ils y trouvèrent quantité de sacs d'argent, et plusieurs vases que le scélérat avait mis en pièces. Les sacs furent aussitôt vidés et partagés ; ils en auraient fait autant des vases, si la crainte du sacrilége, et plus encore celle de l'Inquisition, ne les eût arrêtés. On les garda donc comme des preuves convaincantes de l'apostasie du Moine, qui fut garotté et conduit dans les prisons de Villaléda. L'alcade se mit ensuite à battre la campagne avec une partie de ses sbires, pour tâcher de nous rejoindre ; mais leurs recherches furent inutiles.

Ambroise , témoin de cette singulière aventure , en avait été si saisi , qu'il n'avait rien eu de plus pressé que de s'en retourner chez Don Antonio , à qui il avait tout raconté : on peut juger quelles furent ses inquiétudes pendant quinze jours, qu'il n'entendit pas parler de moi. Mon silence lui fit craindre que je ne fusse tombé entre les mains des sbires , et c'était en partie pour s'en éclaircir qu'il était venu à Massilia. On ne peut rien ajouter à la joie qu'il ressentit en apprenant la manière dont je m'étais tiré de cette affaire : Castilmoro lui témoigna la part qu'il y prenait, par un beau déjeûner qu'il fit servir. Comme il ne pouvait lui tenir compagnie, attendu qu'il devait dire ce jour-là la grand'messe , il se contenta d'exhorter mon oncle à bien boire, et me pria de le remplacer.

Don Antonio n'était pas fort curieux de sermons, et moi-même je commençais à en être las. Nous laissâmes donc sonner celui des Missionnaires, et nous demeurâmes à table, où nous prîmes des forces pour eux. Nous ne pûmes cependant y rester aussi long-temps que mon oncle l'aurait souhaité ; car tous les domestiques, s'étant rendus à l'église, où il y avait ce jour-là des indulgences extraordinaires, il se trouva qu'un d'eux, ayant emporté par inadvertance la clef de la cave, nous fûmes obligés de nous en tenir aux trois bouteilles de vin qu'on nous avait laissées sur le buffet. Don Antonio, qui commençait à se mettre en train, fut courroucé de cet accident; il jurait comme un payen contre les Moines et leurs indulgences, qu'il aurait données, disait-il, pour un broc de vin.

Je lui proposai, pour l'adoucir, de venir avec moi jusqu'à l'église, où nous trouverions peut-être le domestique qui était chargé de la cave. La soif fit faire au bonhomme plus que n'avait fait la dévotion; il se leva de table, et nous nous acheminâmes vers l'église. A peine étions-nous sortis, que nous entendîmes un des Moines qui s'estomaquait à force de crier contre le péché. Vertu de froc ! s'écria Don Antonio, je crois qu'il pleut ici des sermons et des prédicateurs : j'aimerais bien mieux qu'il y plût du vin. A quoi diable tout cela sert-il ?

Ces gens-ci n'en seront pas meilleurs. Cela se pourra bien, lui dis-je, mais il n'en sera pas de même de la bourse des Moines : ils connaissent l'utilité des sermons, par l'expérience qu'ils en ont déjà fait. Là-dessus, je racontai à mon oncle tout ce que j'avais vu depuis mon séjour à Massillia ; ce qui le réjouit beaucoup.

CHAPITRE III.

Le Moine et la charette.— La Procession, les Vierges et les coups de poings.

Comme Don Antonio n'était allé à l'église que pour y chercher la clef de la cave, il voulut absolument y entrer ; mais elle était si pleine de monde, que nous n'en pûmes point approcher de dix pas. Jamais je ne vis un pareil concours de peuple : il était si nombreux, qu'à peine pouvait-il contenir dans une grande place qui était devant l'église. Un des Moines, qui en était sorti afin de demander du silence pour son confrère, qui ne s'entendait pas lui-même, en fut étonné. Ce spectacle anima son zèle apostolique ; et comme il n'était pas possible que cette multitude entendît le prédicateur qui était dans l'église, il vint dans l'esprit au Moine de la prêcher lui-même. Il monta donc dans une charette qui se trouva là par hasard. Un paysan, en avait donné la garde à son fils, pendant qu'il était entré à l'église, afin de gagner, chemin faisant, les indulgences.

Ce théâtre parut au Moine un lieu digne de son éloquence ; il y monta donc, et commença un sermon sur le second commandement. Après un exorde *ex abrupto*, il fit voir combien étaient coupables ceux qui prenaient en vain le saint nom de Dieu ; de là il passa aux juremens, qui sont si souvent dans la bouche des charretiers, dont il fit un dénombrement si exact, qu'on aurait pu croire qu'il n'avait toujours été moine. La vivacité avec laquelle il s'emporta contre ces sortes depéchés, pensa lui coûter la vie; les chevaux, qui étaient attelés à la charrette, effrayés de ses juremens, crurent avoir trois ou quatre charretiers à leurs trousses ; de sorte, qu'ayant pris leur course, ils emportèrent, comme un autre Hypolite, le prédicateur au milieu de son discours.

Les assistans furent si étourdis de cette aventure, qu'aucun d'eux ne pensa à le secourir, quoiqu'il criât comme un forcené : ses cla-

meurs ne firent qu'animer davantage les chevaux, qui, n'ayant point
de conducteur, ne suivaient aucune
route certaine. Le Moine commença alors à craindre plus que jamais : aussi se tenait-il cramponné
de toute sa force aux barreaux de
la charrette; mais une borne qui se
trouva dans le chemin, et sur laquelle les chevaux étaient prêts de
le faire passer, lui fit lâcher prise;
la crainte d'être fracassé avec la
voiture, le détermina à se jeter
dans un bourbier qui n'en était
qu'à deux pas, et qu'il fut bien aise
de rencontrer. Il s'y lança donc, et
tomba dedans si heureusement,
qu'il y enfonça jusqu'à la barbe,
ce qui lui attira les huées du même
peuple, qui venait d'admirer son
éloquence.

Cette scène comique fit tant de plaisir à mon oncle Don Antonio, qu'il ne pensa plus à boire : il est vrai qu'il n'en eût pas beaucoup le temps ; car, à peine fut-elle finie, que les Moines nous donnèrent un spectacle plus sérieux en apparence, mais dont la catastrophe ne fut pas moins réjouissante ; c'était une procession solennelle, et des mieux ordonnées : ce qui me fit croire qu'ils l'avaient concertée dès la veille. Tout le cortége, qui était des plus nombreux, se partageait en quatre classes, dont la première était celle des vierges. Jamais je n'en vis un si grand nombre ; il y en avait de bien jeunes et de bien vieilles ; le seconde comprenait les femmes mariées : les garçons composaient la troisième ; et les pénitens la dernière ; c'était la moins nombreuse des quatre.

La classe des vierges était conduite par une des dames qui, la veille, avait si bien plumé nos missionnaires : elle portait la croix, et avait pour acolytes ses deux compagnes, qui tenaient chacune un chandelier avec son cierge ; quoiqu'elles eussent employé tout leur art et leurs plus belles couleurs pour paraître avec éclat, je leur trouvai néanmoins l'air un peu plus défait, et les yeux moins vifs qu'à l'ordinaire : je l'attribuais à leur dévotion, mais j'appris qu'elles avaient dansé jusqu'au jour, au bal que le seigneur Don Pompeio leur avait donné chez lui. Je ne pus m'empêcher de faire des réflexions sur un contraste si bisarre. Est-il possible, dis-je en moi-même, qu'on passe ainsi d'une extrémité à l'autre? ou plutôt qu'on s'imagine pouvoir allier des choses aussi opposées que le sont le monde et la piété? Non, il n'y a que des femmes et des Moines, à qui ces sortes d'idées puissent venir. L'esprit de petitesse et de contradiction qui règne chez les unes, et l'intérêt qui domine les autres, peuvent seuls produire de pareils contrastes.

Ces dames m'honorèrent, en passant, d'une profonde révérence et d'un souris des plus agaçans. Dona Caméria conduisait les femmes mariées; quoiqu'elle ne fût qu'à la tête d'une troupe de paysannes, elle marchait aussi fièrement qu'un évêque *in partibus*, qui conduit une troupe d'ordinans : elle nous honora aussi d'une révérence, mais moins profonde que les autres. Nous lui en rendîmes une de la même mesure, et regardâmes passer le reste de la procession. J'oubliais de dire que les Moines, pour varier le spectacle, avaient mêlé les classes les unes avec les autres ; de façon que les garçons suivaient immédiatement les vierges, et les pénitens les femmes mariées. Ces derniers étaient suivis de douze hommes des plus robustes, qui traînaient, sur des rouleaux, une grosse croix de vingt-cinq coudées de long. Comme elle était extrêmement pesante, ils se relayaient de temps en temps : chacun alors s'empressait de se saisir de la corde, à laquelle les Missionnaires avaient

attaché un grand nombre d'indulgences et de pardons. A la suite de
cette croix venait le licencié Castilmoro, marchant à pas de prélat,
et touchant du bout de sa main
gantée cet instrument figuratif de
notre salut.

Quoiqu'il n'y eût rien de fort édi-
fiant dans ce spectacle, il inspira
néanmoins une certaine dévotion à
Don Antonio : il y a des hommes
qui se laissent prendre aux ceré-
monies extérieures. Il se mit donc
à suivre dévotement la procession,
et moi de l'accompagner. Cette
complaisance me valut une scène,
telle que je n'en avais point encore
vue.

La procession étant arrivée à
l'endroit le plus élevé du village,
il fut question d'y planter la croix :

ce pénible honneur était naturellement dévolu aux hommes qui
avaient eu la peine de la traîner jus-
ques-là ; mais les filles, voulant
signaler leur zèle, demandèrent
qu'on leur accordât cette faveur.
Les Moines, toujours indulgens
pour le sexe, acquiescèrent à leur
demande. Aussitôt elles sortirent les
hoyaux, les pioches et les pelles des
hottes qu'on avait apportées pro-
cessionnellement; et s'étant mises à
travailler, elles firent, en un instant, un grand trou pour y placer
la croix. On allait la lever, lorsqu'il survint tout-à-coup une dis-
pute à ce sujet : les vierges préten-
dirent seules à cet honneur, et les
femmes soutinrent qu'il leur était
réservé. Les premières disaient que
ce privilége était dû à la virginité

que Dieu le leur avait accordé lui-même en la personne de saint Jean l'évangéliste, de la sainte Vierge et de la Madelaine, qui avaient eu l'honneur d'assister à son crucifiement, et qui ne l'avaient point quitté tant qu'il avait été attaché à la croix; les autres soutenaient, au contraire, que ces raisons plaidaient pour leur cause; que c'étaient les saintes Femmes qui avaient eu l'honneur d'assister au trépas de Dieu; que la sainte Vierge était tout à-la-fois vierge et femme, et que sainte Madelaine, quoiqu'elle passât pour fille, n'était cependant pas vierge.

Ces raisons étaient d'autant plus fortes qu'elles étaient fondées; elles auraient sans doute prévalu dans l'esprit des Missionnaires, si une

des filles, qui représentait la Madelaine, n'eût prévenu leur déci-
sion. Celle-ci, qui se nommait aussi
Madelaine, prenant pour elle ce
qu'on venait de dire de la sainte
pécheresse, donna un soufflet à la
femme qui avait ainsi mal parlé;
celle-ci, qui n'était nullement endu-
rante, le lui rendit avec usure.
Toutes les vierges, voyant mal-
traiter leur Madelaine, accouru-
rent pour la tirer des mains de la
sainte femme. Celle-ci appela, de
son côté, toutes ses compagnes à
son secours, et de sorte qu'en un
moment le théâtre de la dévotion
devint celui de la discorde.

Don Castilmoro, les Moines et Don
Antonio lui-même, se jetèrent dans
la mêlée pour arrêter les saintes
bacchantes; mais ils y perdirent

l'un sa calotte, l'autre son étole, celui-ci son bonnet ; et tous y gagnè-
rent force égratignures. Il était
impossible de voir ce spectacle de
sang-froid : ce qui me divertissait
le plus, c'est que, de tous les hommes qui étaient-là en très-grand
nombre, il n'y en eut pas un qui
pensât à les séparer. Le combat
serait devenu universel, si les
Moines, après avoir vu qu'il n'y
avait pas d'autre moyen de le faire
cesser, n'eussent fait rentrer le
reste de la procession : ils laissèrent donc là la croix, les femmes
et les vierges, et se remirent en
marche du mieux qu'ils purent.

Je restai pour voir finir la ba-
taille, qui dura encore quelque
temps, après quoi je fus rejoindre
Don Antonio à l'église. On y disait

la grand'messe , à laquelle communièrent cinq mille sept cent quatre-vingt-trois personnes , comme je l'appris du sacristain. Les Missionnaires nous congédièrent après cette édifiante cérémonie, et nous invitèrent pour le soir à une conférence, où nous verrions, dirent-ils, des choses qu'on n'avait jamais ni vues ni entendues !.....

CHAPITRE IV.

Comme quoi les Moines vendaient des messes, et les diplómes de la confrérie de la Sainte-Étable.

Nous voulûmes rentrer au presbytère, Don Antonio et moi; mais nous nous trouvâmes, pour ainsi dire, assiégés dans 'l'église, par une foule de peuple qui en fermait l'entrée. Ayant demandé la cause de ce concours extraordinaire, j'appris que c'était un homme qui vendait des petites médailles, qui avaient, disait-il, la vertu de guérir les maux *passés,*

présens et à venir. Fort bien ! dis-je
en moi-même, voilà encore une
nouvelle invention de nos Moines,
pour tirer de l'argent du peuple.
En effet, c'étaient eux qui faisaient
vendre ces médailles extraordinaires. Je fendis la presse, et m'approchai pour entendre le charlatan,
qui en vantait si fort l'excellence;
c'était un petit bossu, assez mal
mis, qui se disait arrivant de Jérusalem : il était monté sur deux
tréteaux, d'où il haranguait le
peuple. Il n'est point de propriété
qu'il n'accordât à ces médailles :
il en avait de toutes les grandeurs,
et par conséquent à tous prix; mais
elles ne possédaient pas toutes le
même degré de vertu ; le prix en
réglait l'efficacité. Celles de douze
réaux, par exemple, ne guéris-

saient presque rien, tandis que celles de six cruzades et au-dessus, étaient des topiques universels.

Ce harangueur avait pour adjoint un autre petit homme, qui tenait un grand registre, dans lequel il inscrivait tous ceux qui voulaient s'enrôler dans une nouvelle confrérie. Elle avait, disait-il, été instituée par les Capucins de Jérusalem, en l'honneur de la Sainte-Etable, et il n'en coûtait que douze cruzades; pour lequelles, une fois payées, chaque confrère avait une messe tous les jours. C'était, disait le petit homme, un marché donné : aussi le peuple s'y faisait-il inscrire en foule. Don Antonio, qui n'aimait pas à dire la messe, trouva que c'était effectivement un grand marché : il s'approcha comme les autres pour se faire inscrire ; mais on lui présenta le livre, par distinction, pour s'y inscrire lui-même, et il y mit son nom.

Cette simplicité, de sa part, me fit hausser les épaules, et me donna occasion de feuilleter ce registre. J'y trouvai le nom d'environ neuf à dix mille personnes, qui s'étaient fait enrôler dans cette confrérie imaginaire, et qui avaient presque toutes acheté des reliques de Jérusalem : il fallait que ce pauvre diable eût chargé deux navires de ces drôleries, tant il en avait débitées. On peut juger si cela avait jeté de l'argent à nos deux charlatans. Je demandai à l'un d'eux si leur confrérie était bien authentique ? A quoi il répondit que je pouvais m'en

assurer par la bulle et les certifi-
cats qui étaient en tête du registre.
Je le feuilletai de nouveau, et trouvai la vérité de ce que j'avais soupçonné ; c'était une espèce de bulle
en très-mauvais latin, fabriquée et
signée par nos Missionnaires eux-
mêmes , qui n'avaient pour cela
qu'un peu défiguré leur écriture. Il
ne me fut pas possible de tenir mon
sérieux en voyant les titres magnifiques que ces humbles pères s'y
étaient donnés : l'un avait pris celui de cardinal ; l'autre celui d'archevêque ; celui-ci de nonce apostolique; enfin, le plus humble s'était
contenté de se qualifier évêque *in
partibus infidelium*. Je fus tenté
de me saisir de cette preuve de leur
vanité et de leur fourberie ; mais,
craignant que leurs deux agens ne

me missent à dos la populace, qui pour l'ordinaire n'entend point raillerie sur ces fadaises, je me contentai de ce que j'avais vu ; et nous retournâmes, Don Antonio et moi, rejoindre ces industrieux marchands.

Ils étaient à table en grande compagnie : on y parlait des grands fruits que produirait la mission dans le pays. Ils ne peuvent être plus grands, leur dis-je, et si l'on continue d'entrer, comme on fait, dans la confrérie de la Sainte-Etable, elle sera bientôt trop petite. Grâces à monseigneur l'*archevéque d'Athènes*, à monseigneur *le cardinal Caudataire*, à monseigneur *le nonce de Constantinople*, et à monseigneur l'*évéque de Nazareth !* la recette sera bonne, et jamais mission n'aura eu autant de succès. Ces pères furent extrêmement surpris de s'entendre nommer par les titres qu'ils avaient pris dans la bulle de leur fabrique ; le rouge leur monta aussitôt au visage. Cependant, pour me mettre à couvert du reproche d'hérésie, qui est toujours la première chose dont on vous accuse dans ces sortes d'occasions, car on sait que manquer de respect aux Moines, critiquer leurs faiblesses, démasquer leurs vices, leurs fourberies, c'est manquer essentiellement à la religion, nous portions au cou, Don Antonio et moi, chacun une de ces petites médailles, que nous avions achetées par des motifs bien différens. Don Castilmoro en était extrêmement édifié ; mais les Moines ne savaient comment accorder cette démarche avec ce que je venais de dire de leur nouvelle confrérie : ils feignirent donc de ne m'avoir pas entendu , et mirent la conversation sur des choses indif-férentes ; cela me fit plaisir , parce que je commençais à craindre que mes discours ne nous privassent du spectacle qu'ils nous avaient pro-mis pour l'après-dînée. La peur de le manquer me fit lever de table au dessert, pour me rendre promp-tement à l'église , où j'avais vu rester bien des gens , qui trem-blaient apparemment de n'y pas trouver place. Je sortais pour aller retenir la mienne, lorsque je fus arrêté par deux pélerins, qui me prièrent fort poliment de leur faire quelque aumône. Leur démarche noble, leurs manières honnêtes, un air respectable que je vis en toute leur personne, me donna d'eux une opinion favorable. Quelque empressement que j'eusse de me rendre à l'église, je m'arrêtai pour leur faire quelques questions, auxquelles ils répondirent avec une politesse peu ordinaire. Je pris goût à leur conversation, et surtout à contempler le plus jeune, qui ne me paraissait n'avoir guère plus de dix-sept à dix-huit ans. Sa beauté, et plus encore sa grande modestie, me fit soupçonner qu'il pouvait y avoir du mystère dans ce déguisement, et que ces deux personnes n'étaient rien moins que ce qu'elles paraissaient. L'aventure de Pancracio et de Constance me revint dans l'esprit, et je me figurai que ce pouvait bien être quelque rencontre de cette nature : pour m'en éclaircir, je les priai de vouloir bien m'attendre un moment, prétextant que j'avais, par mégarde, oublié ma bourse au logis.

Je rentrai dans la salle, où je priai nos Missionnaires de faire quelque chose pour mes deux pélerins ; ils s'en excusèrent sur leur extrême pauvreté, et sur la sévérité de leur règle, qui leur défendait de porter, et par conséquent de donner de l'argent à qui que ce fût, sous peine de péché mortel : en revanche ils leur promirent force prières, et m'offrirent de leur donner, s'ils le voulaient, des attestations de catholicité. Castil-moro, à qui je m'adressai ensuite, fit aussi quelque difficulté ; mais, soit qu'il eût honte de me refuser,

soit qu'il sè ressouvînt de Rodri-
guez d'Alcugna, et qu'il craignît
quelquè scène pareille à celle qui
était arrivée chez mon oncle, il me
dit de les faire entrer.

Nos pélerins se rendirent à mes
instances, et entrèrent dans la
salle, où Castilmoro les reçut avec
beaucoup de politesse. Ce licencié,
frappé comme moi de leur belle
physionomie, les pria de vouloir
bien au moins se reposer un moment. Pendant qu'on s'empressait
à les servir, je remarquai que nos
Moines regardaient avec admiration le jeune pélerin, auquel ils disaient mille choses gracieuses. Celui-ci, loin d'y répondre, baissait
modestement les yeux, et ne paraissait pas seulement les écouter :
ce qui redoublait leur étonnement

et leur curiosité. Quelle raison , se disaient-ils entre eux , peut avoir ce vieillard de traiter si durement une personne si aimable ? n'est-ce pas un meurtre d'exposer à la fatigue d'un pélerinage un jeune homme qui paraît d'une complexion si délicate? s'il a fait quelque péché, ne peut-il pas en aller faire pénitence tout seul; ou s'ils ont péché tous deux, ne peut-il pas se charger de la pénitence de son jeune compagnon? Ne trouvez-vous pas qu'il y a de la cruauté dans un pareil procédé? Il a apparemment ses raisons, dit un autre, et c'est ce que j'apprendrais volontiers. Prions-le de nous en instruire; la chose n'est pas difficile : ces sortes de gens ne demandent pas mieux que de raconter leurs aventures.

Les Missionnaires n'étaient pas
les seuls qui désirassent d'être ins-
truits du sujet de leur pélerinage ;
Castilmoro et toute la compagnie le
souhaitaient autant qu'eux. Le licencié ayant entamé la conversation,
la fit tomber insensiblement sur
ce que nous désirions tous savoir.
Je vois bien, Seigneur, dit le vieux
pélerin, que vous brûlez d'apprendre qui nous sommes, et quel
peut être le motif de notre pélerinage : c'est un secret que j'ai tenu
caché jusqu'à présent ; mais la dis-
crétion qui doit être inséparable
de votre caractère, et la reconnaissance que nous devons à vos politesses, me permettent et m'enga-
gent même de répondre à votre
empressement. La seule grâce que

II.   3 *

je vous demande, avant de commencer le récit de mes aventures,
est de me promettre que vous les
tiendrez secrètes.

CHAPITRE V.

Histoire des deux Pélerins.

Mon père, nous dit le plus âgé des deux voyageurs, se nommait le comte de Termonde ; il occupait, à la cour du roi Juan, un poste à-la-fois brillant, honorable et lucratif ; trois avantages qu'il est rare de réunir. Encore jeune, il quitta la cour pour se retirer dans une de ses terres ; néanmoins il obtint auparavant, de la faveur du prince, que je lui succéderais dans le poste éminent qu'il abandonnait. Je n'eus pas de peine à plaire au monarque, et notre roi Don Juan, de triomphante mémoire, m'honora bientôt d'une confiance particulière. Dans une cour aussi galante que celle de ce prince, il ne me fut pas difficile de faire des conquêtes ; ma jeunesse, le rang que j'occupais, quelques talens dont j'étais loin de tirer vanité, ne laissaient pas que de m'applanir les obstacles. La protection du prince n'était pas non plus un des moindres agrémens de ma personne. Parmi les beautés, à la possession desquelles je pouvais prétendre, il y en avait une pour laquelle je me sentais un penchant décidé : la douceur, la modestie, la candeur formaient son aimable caractère : belle, sans aucun secours de l'art, elle avait le secret de plaire à tout le monde, sans le vouloir ; elle était loin de se douter du danger que l'on courait à la voir !

Don Juan, resté tranquille possesseur du trône de Portugal, voulut témoigner sa reconnaissance aux seigneurs de la cour, qui l'avaient si généreusement soutenu. Il donna une fête magnifique à laquelle ils furent tous invités. Dona Thérésia de Mundao, ... c'est la beauté dont je vous ai fait le portrait, et dont le souvenir m'arrache encore des larmes, était de la suite de la reine. Elle l'accompagna au bal ; la princesse y fit admirer son adresse et sa légèreté ; mais Dona Thérésia, qui dansa après elle, l'emporta par les grâces, la décence et la vivacité. Les seigneurs de la cour en étaient enchantés, et la politique seule les empêcha de lui donner hautement la préférence sur la reine. Dona Thérésia, insensible aux jouissances de la vanité, reçut tous les complimens qu'on lui adressa avec politesse, mais en même temps avec une indifférence extraordinaire.

Comme le rang que je tenais alors auprès du prince me mettait de niveau avec elle, je la priai de me faire l'honneur de danser avec moi; ce qu'elle m'accorda. Il m'est impossible de vous peindre tout le plaisir que j'éprouvai lorsque mes yeux rencontrèrent les siens, et y découvrirent un sentiment de bienveillance, qui me semblait comme un présage de mon bonheur futur. L'amour que j'avais ressenti pour Dona Thérésia s'augmenta par l'es-

poir de lui plaire ; il devint si violent, que je ne pus le cacher à celle
qui l'inspirait ; l'aveu de mes sentimens fut reçu par Dona de Mundao avec une bonté qui me prouva
qu'elle n'était pas insensible à l'a-
mour qu'elle avait inspiré. Six
mois après nous fûmes unis , et jamais mariage ne fut célébré sous
des auspices plus heureux. Dès
la première année de notre union ,
ma femme me donna une fille , qui
me la rendit encore beaucoup plus
chère. Trois années d'un bonheur
qu'aucun nuage n'avait troublé
s'éclipsèrent dans un instant ; ma
femme fut désignée par la reine ,
pour l'accompagner dans une partie de chasse : il semblait que je
prévisse le malheur qui allait m'arriver , car je la vis faire ses prépa-

ratifs de départ avec un chagrin dont je ne pouvais me rendre compte. Elle ne s'absentait que pour trois jours, et cependant je ne me lassais pas de la contempler, de l'accabler de mes caresses, comme si j'avais su qu'elle allait m'être ravie pour toujours.

Au retour de la reine, je me précipitai au-devant d'elle pour revoir ma chère Thérésia ; mais de quelle douleur ne fus-je pas frappé, lorsque jetant les yeux sur la princesse, je la vis fondre en larmes, en me montrant une voiture fermée, qui était au milieu de sa suite ! L'air de tristesse et d'abattement que je remarquai sur toutes les figures, ne me révéla que trop le malheur que j'avais à redouter ; j'appris que Dona Thérésia, emportée au loin par son cheval, avait été renversée, et foulée aux pieds par cet animal fougueux ; que son absence ayant inquiété la reine, elle avait envoyé à sa recherche ; et qu'enfin l'on avait trouvé ma malheureuse épouse étendue, sans vie, à côté de son coursier. Cet événement mit fin à la partie de la princesse ; elle fit ensevelir le corps de Dona Thérésia, et reprit le chemin de Lisbonne.

Il n'est point d'expressions assez fortes pour vous peindre l'affliction où me jeta cet événement ; mon désespoir était à son comble. J'aurais voulu pouvoir mourir de ma douleur, mais le ciel en ordonna autrement, et la Providence me réservait pour de plus grands malheurs.

II.   4

Après cette perte, tout me devint odieux! La cour cessa de me plaire ; j'y trouvais à chaque pas des souvenirs qui ne faisaient qu'accroître et renouveler ma douleur ; tout m'y parlait de ma chère Thérésia : j'aurais infailliblement succombé à mon désespoir, si mes amis ne m'eussent entraîné malgré moi à une de mes terres, où ils restèrent avec moi pendant un assez long espace de temps ; mais leur service les ayant rappelés auprès du prince, et me croyant tout-à-fait remis, ils me quittèrent en me promettant de revenir le plutôt possible. La solitude dans laquelle ils me laissèrent rouvrit ma blessure ; ma fille, vivant portrait de sa mère, redoublait mes chagrins, au lieu de les adoucir. Ne pouvant

plus résister à ma douleur, je ré=
solus de quitter des lieux où tout
me retraçait à chaque instant l'i-
mage d'une épouse adorée. J'eus
l'idée d'aller chercher dans un
nouveau monde le repos qui me
fuyait dans celui-ci : j'aurais bien
voulu pouvoir emmener avec moi
ma fille, unique fruit de notre
malheureux hymen ; mais son âge
s'opposait à mes désirs : je la confiai à un de mes beaux-frères, qui
me promit de veiller sur elle comme
sur sa propre fille. Alors, saisis=
sant avec joie l'offre que me fit le
roi de me charger d'une mission
pour le Brésil, je pris congé de mes
amis, de la cour du Portugal, et je
m'embarquai à Lisbonne.

En entrant dans le vaisseau, je
fus agréablement surpris d'y trou-

ver plusieurs de mes amis; le capitaine, son second, le lieutenant
et quelques autres officiers de marine étaient de ma connaissance,
et m'honoraient d'une bienveillance particulière : ils cherchèrent,
pendant le trajet, à me procurer
quelques distractions; mais leurs
soins obligeans n'y réussirent pas
toujours.

Un soir que nous étions réunis
sur le pont, et que chacun de nous
se plaisait à mettre ceux qui l'en-
touraient dans le secret de ses espérances, un matelot vint nous dire
que le feu était au vaisseau. Le capitaine fit sur-le-champ descendre
dans le fond de la cale; le lieutenant,
qu'il y avait envoyé, rapporta en
effet que le feu, qui avait d'abord
pris au charbon et autres provi-

sions combustibles, avait gagné la charpente du vaisseau.

Cette épouvantable nouvelle jeta l'alarme parmi l'équipage : dans une autre occasion, chacun aurait cherché son salut dans la fuite ; mais quelle apparence ! nous n'avions que deux chaloupes, et notre vaisseau portait plus de cinq cents hommes ; d'ailleurs, nous étions éloignés de tous côtés de la terre, peut-être de plus de deux cents lieues. La frayeur de la mort était déjà peinte sur le visage de la plupart de nos matelots : le seul Vasco et ses officiers virent le péril d'un œil intrépide ; et pour tâcher de le prévenir, ils firent apporter tous les secours qu'on y pouvait donner. Cependant, comme nous étions un grand nombre de passagers, il fit mettre en mer ses deux chaloupes, dans lesquelles il les fit tous descendre, et leur donna un de ses sous-pilotes pour les conduire. Hélas! ils n'en eurent pas besoin; car une partie des matelots et des soldats, jugeant du danger par cette précaution, qu'ils voyaient prendre à leur capitaine, s'élancèrent dans les chaloupes en si grand nombre qu'elles coulèrent à fond. A ce triste spectacle, je remerciai Dieu d'avoir permis que je résistasse aux instances de D. Vasco, qui m'avait fort pressé de me sauver avec eux. Je m'en étais défendu, la reconnaissance ne me permettant pas de l'abandonner, non plus que ses officiers, dans un péril si pressant; je lui offris même mes faibles services, ajoutant que s'ils ne lui étaient d'aucun secours, j'aurais du moins la consolation de mourir avec des amis généreux, qui n'avaient pas eux-mêmes voulu m'abandonner. Hélas ! je ne croyais pas, en prononçant ces paroles, être si près d'en être pour jamais séparé.

Un bruit mille fois plus épouvantable que celui du plus affreux tonnerre nous annonça et nous fit sentir au même instant notre malheur; le feu ayant pris, malgré tous nos efforts, à la Sainte-Barbe, le vaisseau se brisa, dans un clin d'œil, en un million d'éclats, et je me trouvai moi-même enlevé dans un tourbillon de flammes, qui me porta plus d'un demi-mille en l'air : je me crus transporté tout vivant dans les enfers, et je ne m'aperçus de mon

erreur que lorsque je retombai
dans la mer. Ma chute y fut presque aussi profonde que le saut que
la poudre m'avait fait faire avait
été élevé; toutefois le ciel permit
que, ni dans l'un ni dans l'autre de
ces élémens, je ne perdisse la présence d'esprit.

Ma première pensée, en reve-
nant au-dessus de l'eau, fut de
remercier Dieu de m'avoir tiré d'un
péril aussi terrible que celui dont
je venais d'échapper; ma prière fut
aussi courte que fervente. Le temps
et le danger me pressaient : le ciel,
qui venait de me sauver du plus
redoutable des élémens, m'en laissait encore un autre à surmonter.
Je me mis donc aussitôt à nager :
heureusement la mer était fort
calme, et la nuit des plus belles;

deux circonstances sans lesquelles j'aurais infailliblement péri : elles ne me rassurèrent cependant point. Le peu d'expérience que j'avais dans la marine me faisait ignorer l'éloignement où je pouvais être de la terre ; de sorte que je nageais au hasard, sans savoir si je ne prenais point une route opposée à celle que j'aurais dû tenir pour gagner le continent. Dans cette incertitude, je m'abandonnai à la Providence, qui venait de me protéger d'une façon si sensible, persuadé qu'elle ne m'abandonnerait pas encore. Mon espérance ne fut point trompée ; en effet, après avoir nagé quelque temps, le ciel permit que je rencontrasse un des débris de notre vaisseau, sur lequel m'étant mis, je m'abandonnai au courant des flots jusqu'à ce que le jour parût, et que les forces me fussent revenues.

Ce n'est pas toujours dans les premiers momens du danger qu'on en ressent toute l'horreur; il semble, au contraire, que l'âme, étourdie par la première impression qu'il fait sur elle, ne le voie, pour ainsi dire, qu'en gros. Le sage auteur de la nature le permet sans doute ainsi, parce que la crainte trop vive du danger suffirait bien souvent, dans ces momens, pour nous y faire succomber; c'est ce que j'éprouvai dans cette rencontre. Quelque forte qu'eût été l'impression qu'avaient faite sur moi les périls auxquels je venais d'échapper, elle n'approcha point de celle que je ressentis alors. Devenu le jouet et le rebut des flots, je com=

mençai à ouvrir les yeux sur mon état déplorable. Hélas ! m'écriais-je, dans l'excès de ma douleur, que vais-je devenir ! quoi donc, toute la nature m'abandonne, et je n'ai plus d'espérance ni de ressource que dans la miséricorde de Dieu. Non, il n'y a que lui qui me puisse tirer de l'affreux état où je me vois ; mais que sais-je si sa bonté pour moi voudra bien aller jusque-là? Suis-je plus innocent à ses yeux que tant de malheureux que j'ai vu périr dans les flammes et dans les eaux ? Cher Vasco, cher Féria, amis infortunés, qui faisiez toute ma consolation ! de quoi pouviez-vous être coupables pour mériter un sort si rigoureux ?

Ces tristes et cruelles pensées

m'occupèrent presque tout la nuît ;
je m'y serais peut-être entretenu
plus long-temps , sans un coup de
vent qui souleva tout-à-coup les
flots , et poussa contre un rocher
le débris sur lequel j'étais : j'en
reçus une si violente secousse ,
qu'elle me fit tomber dans la mer.
Je revins néanmoins au-dessus, et
je gagnai, en nageant , le rocher ,
contre lequel mon unique ressource venait de se briser. Comme
il était fort élevé, je m'efforçai d'y
grimper pour voir si je ne pouvais
rien découvrir : le jour commençait
à paraître , il était déjà même assez
grand pour discerner les objets.
Quelle fut ma joie, lorsqu'étant arrivé au sommet de cette roche , j'a-
perçus dans l'éloignement quelques
arbres, que l'agitation des vagues

me faisait paraître flottans ! A
cette consolante vue, je m'élance
dans la mer, et nage vers cet endroit. L'espérance d'y arriver bientôt me donne de nouvelles forces ;
aussi ne me reposais-je point que je
n'eusse enfin gagné cette terre si
désirée : je sentis alors combien les
efforts et la diligence que je venais
de faire m'avaient épuisé. J'étais si
accablé des fatigues que j'avais
essuyées pendant cette cruelle nuit,
que, succombant à ma lassitude,
je me jettai sous le premier arbre
que je rencontrai, et m'y endormis.

Cette partie du récit du comte
de Termonde avait renouvellé
toutes ses douleurs ; il nous pria
de permettre qu'il reprît haleine
afin de continuer : chacun de nous

était trop curieux de connaître la fin de ses aventures, pour ne pas donner au conteur le temps nécessaire pour se remettre.

CHAPITRE VI.

Sermon. — Mascarade. — Catastrophe qui termine la Mission.

—

Il semblait que nos Missionnaires attendissent que le comte de Termonde eût interrompu son histoire pour commencer leur conférence ; elle sonna, en effet, comme il achevait son récit.

J'étais partagé entre le plaisir que je goûtais dans la compagnie de nos deux pélerins, et celui que me promettait la conférence de nos Moines, où j'avais une espèce de pressentiment qu'il se passerait des choses extraordinaires. Le comte s'aperçut de mon embarras. —Seigneur Cavalier, me dit-il, il me semble que lorsque nous avons eu l'honneur de vous rencontrer, vous aviez un dessein que vous n'avez pas mis à exécution. — Je me disposais, répondis-je au comte, à aller entendre la conférence des Missionnaires qui sont en garnison ici, et qui prêchent tous les soirs; mais le plaisir que j'ai goûté dans votre société m'a fait oublier mon projet........—Que dites-vous ! répliqua vivement le comte; je m'en voudrais d'empêcher une si bonne œuvre; je serai ravi, au contraire, d'y prendre part. Allons, Mademoiselle, ajouta-t-il en s'adressant au jeune pélerin, allons entendre la parole de Dieu ; donnons

en passant ce bon exemple au peuple de ce pays. Nous devons saisir
avec un saint empressement toutes
les occasions d'édifier les fidèles
par notre dévotion aussi bien que
par notre pénitence.

A ces mots, je jetai les yeux sur
la jeune pélerine, que ce discours
avait fait rougir; elle se leva aussitôt pour suivre le comte : nous
nous rendîmes sur-le-champ à l'é-
glise. La curiosité et la dévotion y
avaient attiré un nombre considérable de personnes, parmi lesquelles on distinguait une foule de
jeunes gens des deux sexes. A peine
avions-nous pris place, qu'un des
Moines, étant monté en chaire, nous
annonça que le sujet de son sermon
était des plus intéressans, en ce
que les points qu'il allait traiter;

II.   4 *

étaient à la connaissance et à la portée de tout le monde..... Le sermon que nous devions entendre était puisé dans le sixième Commandement : c'était une grande imprudence que de signaler les effets d'un pareil vice devant une assemblée aussi grande. Mais, pour prévenir le scandale que le choix d'une pareille matière pouvait donner, le Moine nous dit que deux raisons l'avaient déterminé à prêcher sur ce sujet : la première, parce qu'il n'y avait personne qui n'eût du penchant à ce péché, ce qui était très-galant pour l'auditoire; la seconde, parce que tout péché sur cette matière étant presque mortel, il était d'une extrême conséquence que l'on en fût instruit, afin de s'en confesser jusque dans les moindres détails; attendu, ajouta pieusement le Moine, qu'il y avait quelquefois des circonstances qui pouvaient atténuer le danger du péché, et pallier la pénitence.

Le discours du prédicateur me parut très-déplacé, en ce qu'il contenait une foule de peintures plus propres à donner qu'à ôter l'envie de pécher. Toutes ces choses, cependant, lui paraissaient fort intéressantes; car il ne cessait, à chaque instant, de prier son auditoire de lui prêter toute son attention, et de le suivre pas à pas. Cela n'était pas nécessaire; on l'écoutait avec plus d'attention que s'il eût prêché la passion de Notre-Seigneur, la mort de la Sainte-Vierge, ou le martyre de saint Etienne.

On se figure aisément l'impression que dût faire un pareil sermon sur une infinité de jeunes
gens ; j'étais indigné de voir qu'un
religieux oubliait ainsi la dignité
du lieu dans lequel il se trouvait, et
les convenances que lui imposaient
ses devoirs, la règle et son habit.
Les jeunes gens cédaient à l'influence d'un penchant qu'on venait
de leur peindre avec des couleurs
attrayantes : on se parlait, on se
regardait en souriant. Le Moine,
soit qu'il s'en aperçût ou qu'il s'en
doutât, crut y remédier en épou-
vantant son auditoire par une
image aussi affreuse que l'autre
avait été séduisante : dans cette vue,
il nous fit un effroyable tableau
des châtimens réservés à ceux qui
s'abandonnaient à ces sortes de

crimes. Il nous représenta ces étangs de soufre et de feu, dans lesquels on plonge continuellement les âmes impudiques ; enfin, il épuisa toute sa rhétorique pour jeter dans son auditoire autant de terreur qu'il y avait d'abord excité de plaisir.

Il y aurait peut-être réussi, si un de ses confrères ne fût venu ajouter une scène scandaleuse à celle que nous avions déjà eue : ce dernier Moine se leva pour faire un vrai rôle d'avocat du diable. Il prit à partie le prédicateur, dont la morale, disait-il, était trop sévère, et il justifia le penchant que tous les hommes ont à l'amour, qui, selon lui, était un très-grand bien, puisque c'était ce qui donnait tous les jours des sujets à l'État,

des Moines à l'Eglise et des saints
au Paradis. Pour adoucir la peinture que son confrère avait faite
des supplices réservés à ceux qui
ont trop aimé, il fit entendre que
leur plus grand tourment serait de
se voir privés pour jamais de l'objet
de leurs passions. On ne pouvait
guères porter plus loin l'incrédulité : aussi le prédicateur, après
avoir réfuté de son mieux ses ob-
jections, ajouta qu'il mériterait que
Dieu, pour le punir de son épicu-
réisme, lui fît voir quelqu'une de
ces âmes damnées.

C'était là apparemment le mot
du guet, dont on était convenu ;
car, à peine le Moine l'eût-il prononcé, que nous vîmes partir de
la sacristie une espèce de monstre,
que j'eus de la peine à reconnaître

d'abord : c'était un bouc frotté de soufre, de bitume et autres droques combustibles. Ce qui lui donnait une figure diabolique, c'est qu'ils lui avaient mis une robe, une garniture, et l'ajustement d'une femme, le tout d'une gaze très-fine. L'assemblée fut frappée de ce spectacle ; le controversiste, qui, jusque-là, avait fait gloire de son incrédulité, eu riait lui-même ; mais il changea bien de ton quand on eut mis le feu à l'artifice qui était attaché à la queue de l'animal, qui parut alors tout en feu, et répandit la terreur dans l'auditoire.

On se serait peut-être remis de cette première alarme, si le bouc, qui se sentait brûler, ne se fût mis à courir par toute l'église ; ce ne fut alors que cris dans l'assemblée. Chacun se jetait sur son voisin, et croyant voir le diable à ses trousses, s'efforçait de gagner la porte: ce qui mit un si grand désordre dans l'église qu'on l'aurait prise pour un enfer.

Cependant le pauvre animal faisait des sauts et des bonds épouvantables pour tâcher d'éteindre le feu qui le dévorait. Là où il passait, il répandait la terreur et une odeur de soufre qui faisait croire que c'était le diable en personne : après bien des courses et des sauts, il parvint jusqu'au bénitier, dans lequel il sauta très-lestement ; il n'y fut pas plutôt entré, qu'il expira : ce que voyant un des assistans, il s'écria, dans une espèce de transport de joie : *Vivat!* le diable est mort.

Cette heureuse nouvelle remit un peu le calme dans l'assemblée; mais il ne dura pas long-temps. Les cris et les lamentations recommencèrent, lorsqu'on apprit que la frayeur avait causé de nombreux accidens. Deux femmes étaient mortes de saisissement, et deux autres venaient d'être étouffées dans la presse : on les emporta; dans le nombre je reconnus la femme de Don Pompeio. Ce spectacle tragique irrita si fort le peuple contre les Missionnaires, qu'ils furent accablés d'injures et de malédictions. Ces bons pères, craignant qu'on ne passât outre, sortirent promptement de l'église, et se retirèrent chez le licencié, où ils se crurent a couvert de toute poursuite et de toute insulte.

Ils étaient en effet à l'abri des fureurs du peuple ; mais ils ne furent pas peu étonnés, lorsqu'environ une heure après, ils virent entrer Don Pompeio suivi d'un alcade et d'une troupe de sbires. Ce seigneur était dans une si grande colère, qu'il aurait fait main-basse sur eux, si l'alcade ne l'eût retenu. Pour l'adoucir, il lui promit qu'il allait en faire justice aussi bien que des deux mille cinq cents ducats, dont ces pères lui avaient volé la restitution. En effet, il les fit arrêter sur-le-champ par ses sbires, à qui il ordonna de les conduire dans les prisons de Villa léda.

Don Castilmoro, touché de cette aventure, demanda grâce pour eux ; mais il ne l'obtint point. Un des Moines crut mieux réussir, en offrant de payer largement sa rançon ; ses confrères, imitant son exemple, tirèrent chacun une grande bourse pleine d'or, qu'ils offrirent humblement à l'alcade. Cet officier les prit toutes, et n'en devint que plus sévère : je croyais, dit-il, n'être obligé de vous arrêter que comme perturbateurs du repos public ; mais je vois bien que, comme le seigneur Pompéio me l'avait assuré, vous vous êtes approprié le bien d'autrui ; l'argent que vous venez de me remettre en est une preuve.

Les Moines se récrièrent fort contre ce dernier reproche, et pré-

tendirent que cet or provenait des
aumônes qu'on leur avait faites
pendant le cours de la mission. Un
d'eux ajouta qu'une partie leur
avait été donnée le jour même par
les nouveaux confrères de Jérusalem : pour le prouver, il remit
à l'alcade le registre que j'avais vu
le matin entre les mains du petit
bossu, et lui fit voir la bulle d'é-
rection de la nouvelle confrérie.
Malheureusement l'acalde savait
le latin, et avait été sergent des
gardes du Pape, du nom duquel
ils avaient abusé. Oh ! pour le
coup, dit l'officier, quand il eut
lu la prétendue bulle, ç'en est trop.
Allons ! qu'on me mène ces véné-
rables en lieu de sûreté ! Et vous,
Seigneur, continua-t-il, en s'adressant à Don Pompeio, reprenez ces

bourses pour suppléer à la restitution que ces pères vous ont volée.
A ces mots, il emmena avec lui les
quatre Missionnaires, qu'il fit, sur-
le-champ, conduire en prison.

Ainsi finit cette belle mission,
qui coûta la vie à trois personnes,
et donna occasion à une infinité de
désordres. Tout le fruit qui en
revint fut pour les tabellions, qui
eurent une provision de contrats de
mariage à faire, et pour les curés
d'alentour qui usèrent tous les feuil-
lets de leurs registres de baptême.

CHAPITRE VII.

Suite de l'histoire des deux Pélerins.

On conçoit qu'après la scène dont nous venions d'être témoins, nous n'osâmes nous égayer à souper; Castilmoro était inconsolable de l'accident arrivé aux Missionnaires. Mon oncle, malgré son antipathie pour les Moines, était, ou du moins paraissait affligé de ce que venaient d'éprouver ceux-ci, et cherchait à s'en consoler en buvant à leur santé : le reste de la compagnie gardait, par complaisance un silence assez triste. Cas-

tilmoro s'étant levé pour aller dé-
plorer à son aise le malheur arrivé
à ses amis, tout le monde pressa le
comte de reprendre le fil de son
histoire; il continua ainsi :

A mon réveil, je me trouvai en-
touré d'un groupe de sauvages,
dont l'horrible figure me causa
beaucoup d'effroi. Comme ils s'a-
perçurent du sentiment que leur
présence m'inspirait, ils s'éloignè-
rent un peu : ce procédé commença à me rassurer. Les soins
que je reçus de celui qui était resté
auprès de moi, achevèrent de dissiper mes craintes ; ces bons sauvages revinrent et me transportè-
rent dans une cabane, où, pendant
les premiers jours, je n'eus d'autre
compagnon qu'un vieux chef de
tribu , qui ne me quittait pas d'un

instant. Lorsque je fus rétabli, il y eut une grande fête parmi les sauvages; ils me menèrent comme en triomphe, dans une place où était la statue de leur dieu; et devant lui ils me firent jurer de ne jamais quitter l'île, où le hasard m'avait jeté. Je n'osai me refuser à leurs désirs; je jurai de rester parmi eux, bien résolu de profiter de la première occasion de les abandonner.

Dès que j'eus prononcé mon serment, je devins en quelque sorte l'idole de ces sauvages; ils me conduisirent dans une de leurs plus riches habitations, où je trouvai une foule d'instrumens de chasse et de pêche; des nattes superbes, et des fruits en abondance. Ils me donnèrent à entendre que tous ces objets m'appartenaient, et que j'étais libre d'en disposer à mon gré. Je les remerciai ; j'étais touché de tant de bontés, je ne savais comment les mériter ou les reconnaître. Quelques jours après, les vieillards se réunirent, et me forcèrent de me joindre à eux : j'ignorais la cause de cette faveur, je ne tardai pas à l'apprendre. Le roi de l'île était mort quelques jours avant mon naufrage, et les sauvages, en me trouvant au bord de la mer, s'étaient imaginés que le ciel leur envoyait un nouveau roi. Cette erreur avait été la source des égards et des soins qu'ils m'avaient si généreusement prodigués : maintenant que le temps du deuil de leur reine était écoulé, il s'agissait de me consulter pour faire un choix ; et c'était à cette occasion que le conseil des vieillards s'était réuni.

On me présenta d'abord la veuve du roi défunt ; elle avait près de soixante-dix ans : à ses côtés était une jeune et jolie sauvage qui atteignait à sa seizième année. L'une et l'autre m'étaient destinées ; mais si mon choix tombait sur la jeune fille, la vieille devait sur-le-champ être mise à mort, comme n'étant plus bonne à rien ; tandis que si, au contraire, la veuve obtenait l'honneur de remonter au trône, la jeune fille ne cessait pas d'être élevée pour lui succéder. J'avais donc, en épousant Icanaca (c'est le nom dé la vieille), l'espoir de devenir un jour aussi l'époux de Zamara (c'est le nom de la jeune); et ce jour ne devait pas être très-éloigné, vu le grand âge de la veuve de mon prédécesseur.

La jeune sauvage était charmante, et mes yeux s'arrêtaient avec complaisance sur ses charmes à demi-nus ; un sentiment d'humanité reportait ensuite mes regards sur Icanaca, qui semblait résignée à son sort. Les attraits de sa rivale étaient bien faits pour détruire en elle toute espérance ; mais, malgré tout le bonheur que me promettait Zamara, je n'osai l'acheter au prix de l'existence de cette pauvre femme. Après avoir jeté un dernier regard sur la jolie sauvage, je m'avançai d'un pas ferme vers la vieille, et je lui présentai la main ; il se fit alors un grand mouvement dans l'assemblée, mon choix les avait jetés dans une espèce d'admiration un des sauvages vint se prosterner devant moi et baiser mes vêtemens : c'était le fils d'Icanaca, qui me remerciait avec transport d'avoir sauvé sa mère.

On convint que les fêtes de l'hymen ne commenceraient qu'à la lune suivante, et jusque-là la reine future, et la jeune princesse qui devait monter au trône ensuite, furent reléguées dans une habitation où nul ne pouvait pénétrer.

Le temps s'avançait où je devais recevoir la main de la vieille sauvage ; tous les préparatifs étaient faits, et rien ne paraissait plus devoir s'opposer à ce mariage : la veille du jour fixé pour la cérémonie, je me promenais sur le rivage, rêvant au malheur qui m'enchaînait loin de ma patrie, lorsque j'aperçus dans le lointain un vaisseau qui paraissait chercher à se diriger vers l'île pour, y trouver sans doute un mouillage. Je fis tous mes efforts pour en être aperçu, et j'y réussis : comme il approchait, il put, à l'aide de longues vues, reconnaître les signaux que je lui faisais ; sur-le-champ on mit un canot à la mer, il aborda non loin de l'endroit où j'étais : je le rejoignis à la nage, et je fus au comblé de mes vœux en me retrouvant au milieu de mes compatriotes. On pense bien que je les engageai à gagner le large au plus vîte, et que pour les détourner du projet qu'ils avaient de mouiller près de l'île, je leur en peignis les habitans sous des couleurs propres à les effrayer.

A peine fus-je arrivé au vaisseau, que je demandai à saluer le capitaine qui le commandait : on me présenta à lui, mais je ne me fus pas plutôt nommé qu'il me conduisit lui-même à l'appartement du vice-roi du Brésil, qui allait prendre possession de son gouvernement. Quelle fut ma joie lorsque je reconnus le comte de Marialva, le plus intime de mes amis. Je me jetai à son cou, je l'embrassai mille et mille fois, remerciant le ciel de cette heureuse rencontre. Lui-même fut si étonné de me voir, qu'il resta quelques momens sans me répondre !...... N'est-ce point un songe? s'écria-t-il!

Quoi! Termonde, c'est vous! vous qu'à Lisbonne on croit mort depuis six mois! vous que l'on a pleuré et que l'on pleure encore, que tous vos amis regrettent!..... Vous êtes vivant! Ah! le bonheur que j'éprouve en vous revoyant est trop grand pour que je ne m'empresse pas de le faire partager à la comtesse, qui vous a pleuré comme moi, et que cette nouvelle va combler de joie!

Marialva me fit passer dans l'appartement de la comtesse, qui ne put revenir de sa surprise, et me pria de lui raconter comment j'avais échappé aux dangers de toute espèce qui avaient menacé ma vie. Mon récit ne fut pas long : la comtesse admira mon bonheur; rien ne le démentit pendant notre route, car nous arrivâmes à San Salvador sans éprouver le moindre acci-dent.

Notre naufrage avait englouti toutes mes espérances; le comte m'offrit sa maison et sa bourse. J'acceptai jusqu'à ce que j'eusse reçu des nouvelles de Portugal, où j'avais écrit pour qu'on m'envoyât de l'argent. Comme on m'y croyait mort, je fus long-temps sans avoir de réponse; la seule nouvelle que je reçus fut celle de la mort de ma fille; cette perte me fut aussi sensible que celle de ma femme : elle renouvella toutes mes douleurs. L'amitié du comte triompha cependant de mon désespoir; j'étais mort à l'amour, à la nature : je consentis à vivre pour l'amitié.

Il y avait plus de dix ans que

nous étions à San Salvador lorsque le comte fut obligé de faire un voyage à Lisbonne; il partit comblé des vœux de tous les habitans, qui ne voulaient point d'autre vice-roi : il revint, et ramena avec lui la marquise de Sardoval sa belle-sœur, qui n'avait pu résister au désir qu'elle avait de revoir la comtesse. Parmi les femmes de la suite de madame de Sardoval, il y avait une jeune demoiselle d'une beauté parfaite : la douceur de son caractère, plus encore que les grâces de sa figure, lui gagna le cœur de la comtesse, qui en fit sa confidente et son amie.

A peine eus-je aperçu cette jeune fille, que non-seulement je rendis justice au bon goût de la comtesse, mais que j'éprouvai moi-même un

II.   5 *

intérêt extraordinaire pour Léonore; c'était le nom sous lequel
elle s'était fait connaître : je crus
trouver en elle quelques-uns des
traits de ma chère Thérésia ; et par
cette raison elle me devint plus
chère. Je la cherchais partout, et
souvent lorsque mes regards s'arrêtaient sur elle, je la voyais prête
à pleurer : cet attendrissement avait
une cause que je redoutais, et dé-
sirais cependant de savoir.

Telle était notre situation, lorsqu'un jour, nous trouvant seuls,
je me hasardai de lui demander la
cause de cette tristesse ; aurais-je
eu, lui dis-je, le malheur de vous
déplaire ? et ma présence serait-
elle pour vous un sujet de chagrin ?
Les pleurs que vous versez me le
font craindre. Ah ! Seigneur, ré-

pliqua Léonore, que vous juge-
riez mal mes sentimens, si vous
pensiez que ces larmes vinssent du
chagrin que votre vue m'inspire !
Hélas! je ne puis vous en dévoiler la
source : l'émotion où je vous vois
en ce moment me fait redouter un
éclaircissement où mon cœur se
découvrirait malgré moi. Permettez
que je vous quitte, et que je vous
dérobe la vue de ces larmes que
vous vous reprocheriez peut-être de
faire couler. A ces mots, elle me
salua, et passa dans l'appartement
de la comtesse.

Le trouble où ces dernières paroles me jetèrent était si grand, que
je ne pensai pas à la suivre ; je me
sentis attendri au point que je me
reprochais l'intérêt que je prenais
à Léonore, comme une infidélité

envers la mémoire de Dona Thérésia.

Cependant la manière brusque
dont Léonore m'avait quitté ; le
soin qu'elle prit dans la suite de
m'éviter, au lieu de diminuer ma
tendresse, l'augmentèrent tellement, qu'il ne me fut plus possible
de renfermer un secret qui se trahissait de lui-même à chaque instant.
Le comte s'en aperçut ; l'air inquiet
et rêveur qu'il me voyait lui firent
soupçonner une partie de la vérité.
L'amour est une de ces passions
qui ne peuvent se cacher ; le comte,
dont l'amitié pour moi ne s'était
jamais altérée, voulut venir à mon
secours. Avant de me donner de
l'espoir ou de chercher à me guérir
de ma folle tendresse, il résolut
d'interroger la jeune amie de sa

femme ; il eut un entretien avec Léonore, dans lequel l'aimable fille lui avoua qu'elle se sentait entraînée vers moi par un penchant irrésistible, et que le soin qu'elle prenait de me fuir, venait de la crainte qu'elle avait de n'être pas maîtresse de me cacher ce qu'elle éprouvait. Jugez de ma joie lorsque le comte m'eut fait connaître les sentimens de Léonore ! Un seule chose troublait la douceur que me promettait cet hymen ; le bruit de ma mort, répandu depuis quinze ans à Lisbonne, s'y était si bien confirmé, qu'un de mes parens s'était mis en possession de tous mes biens. Cette circonstance me mettait hors d'état d'offrir à Léonore une fortune digne d'elle. Il n'y avait qu'un seul moyen de lever cet obstacle : c'était de repasser avec elle en Portugal , où ma présence devait suffire pour me faire rendre tous les biens dont on s'était un peu trop hâté d'hériter.

Je fis part de ma résolution au comte, qui en parut surpris ; il me reprocha de vouloir me séparer de lui ; et malgré la promesse que je lui fis de revenir dès que mes affaires seraient terminées, il continua de s'opposer à mon projet. Mon cher Termonde, me dit-il enfin, un jour que je le pressais de s'expliquer, je crains que vous ne vous repentiez d'avoir recherché la main de Léonore ; elle n'est ni d'un rang ni d'une naissance qui s'accordent avec les vôtres. Si la beauté , la vertu, la noblesse des sentimens suffisait pour former des alliances convenables, il est certain que la possession de Léonore suffirait pour vous rendre heureux; mais vous savez qu'il est des bienséances que les gens de notre rang sont obligés d'observer, et que les mésalliances ne se pardonnent jamais. Ce que je puis vous dire, c'est que vous en feriez ici une des plus grandes; je sais ce qu'est la pauvre Léonore, et c'est assez vous faire pressentir le blâme qui accompagnera votre mariage. J'ai cru devoir, en ami sincère, vous en prévenir; au reste, je vous laisse libres l'un et l'autre de repasser en Europe : la seule grâce que je vous demande c'est de m'aimer toujours.

Le discours du comte me frappa;

je ne savais d'abord qu'en penser :
toutefois, la justice qu'il venait de
rendre à la vertu et aux charmes
de Léonore rassura ma tendresse ;
je m'aveuglai moi-même jusqu'à
soupçonner que c'était moins l'a-
mitié qui l'avait fait ainsi parler
que la crainte de me voir enlever
Léonore à la comtesse et à la marquise, qui depuis long-temps en
avaient fait leur unique société et
leur meilleure amie : aussi je résolus de partir malgré l'avis du
comte, et je m'embarquai sur le
premier vaisseau qui partait pour
le Portugal ; au bout de quinze
jours, Léonore et moi nous arrivâmes à Lisbonne.

Comme je ne venais à Lisbonne
que pour épouser Léonore dès
que je serais rentré dans mes biens,

mon premier soin, en arrivant, fut de me faire reconnaître dans ma famille. Je commençai par Don Gonzalès de Tenteyro : c'était le parent auquel j'avais remis ma fille en partant pour le Brésil, et qui, sur le bruit de ma mort, s'était mis depuis long-temps en possession de mes biens. Je le trouvai malade, et sur le point d'expirer ; il eut néanmoins assez de force et de présence d'esprit pour me reconnaître. Cher Comte, me dit-il d'une voix mourante, est-ce bien vous que je revois ! Quelles actions de grâces n'ai-je point à rendre à Dieu de ce qu'il vous a conduit ici pour recevoir mes derniers soupirs, et pour apprendre un secret qui vous causera autant de joie, qu'il m'a coûté de remords ; mais

avant de vous le révéler, promet-
tez-moi que vous ne vous vengerez
pas sur mes enfans du tort que j'ai
pu vous faire : ils n'en sont pas
coupables; et si le ciel me rend la
vie, c'est à moi seul que vous devez, et que je vous permets d'en
demander vengeance. Je lui promis
avec serment, que quelque chose
qu'il eût à me confier, j'oublierais
tout, et que je lui rendrais même
mon amitié. — J'en suis indigne,
me dit-il;.... mais les forces m'a-
bandonnent,..... et je n'en ai point
assez pour vous dévoiler mon
crime. Le père Don Mathieu de
Cordosi, et Don Manuel de Sousa,
qui a reçu mes dernières volontés,
vous apprendront ce que les ap-
proches de la mort me mettent hors
d'état de vous avouer. Adieu, cher

Comte, je vous rends, en mourant, tous vos biens, dont je m'étais injustement emparé; puissiez-vous un jour retrouver de même votre chère fille!

A peine eut-il achevé de prononcer ces mots, qu'il expira. Je me rendis quelques heures après au couvent des Paulistes, où je demandai le religieux que Gonzalès m'avait nommé. Cet honnête religieux m'accabla d'abord de politesses, qui me prévinrent en sa faveur; mais lui ayant dit que j'étais le comte de Termonde, que je venais pour rentrer dans mes biens, dont le défunt s'était emparé sur le bruit de ma mort: — Vous pouviez, me dit-il, vous dispenser de faire un pareil voyage; il y a plus de quatorze ans

que le comte dont vous prenez le
nom est défunt. Si vous aviéz dessein de vous emparer de ses biens,
il fallait vous aviser plutôt de cette
fourberie. Don Gonzalès de Tenteyro, qui la prévoyait apparemment, a eu soin de vous prévenir
en les donnant tous, avec une partie des siens, à nos pauvres pères
du Paraguay. Je suis fâché, Monsieur, continua-t-il, que vous vous
y soyez pris si tard; mais Dieu l'a
permis sans doute pour ne pas
laisser enlever à nos pauvres ministres de l'évangile, cette riche et
abondante récolte.

Il serait difficile d'exprimer la
colère où me mit ce discours: un
homme du monde m'aurait, sur-le-
champ, payé de sa vie un pareil
affront; mais la folie des homm es

a donné aux Moines le privilége de l'impunité. Tout ce que je pus faire alors, fut de demander de quel droit ils prétendaient s'emparer de mon bien. — En vertu d'un testament, me dit-il froidement, qu'on vous fera voir en temps et lieu. Je sortis, pour ne pas me laisser aller aux mouvemens de la colère, qui m'aurait, sur-le-champ, fait justice de ce fourbe ; je me rendis aussitôt chez Don Manuel de Sousa, à qui je racontai ce qui venait de se passer : il en fut si surpris qu'il eut peine à m'en croire. Au reste, Seigneur, me dit-il, vous n'avez rien à craindre de ce côté-là ; c'est moi qui suis l'unique dépositaire des dernières volontés de Gouzalès, et je sais qu'il en a tout autrement disposé ; je suis même chargé de sa part de vous apprendre un secret qui vous fera encore bien plus de plaisir ; c'est que votre fille n'est pas morte.

Cette consolante nouvelle fit tomber la colère où le procédé du moine Cardosi m'avait mis ; je fus plus sensible au plaisir de retrouver ma fille, que je ne l'avais été à la perte de mes biens. Charmé d'apprendre qu'elle vivait encore, je priai Don Manuel de me dire promptement où je pourrais la trouver. — Dans une maison, reprit-il, où vous serez peut-être fâché qu'on l'ait élevée ; mais comme elle est jeune encore, votre compagnie et le soin que vous prendrez de son éducation, la rendront bientôt digne de ses parens. Apprenez donc, continua-t-il, que

Gonzalès l'a fait élever sous un nom supposé, dans l'hôpital des Orphelines. Au bruit de votre mort, que nous avons cru réelle, ce parent dénaturé la fit secrète- ment conduire dans cette maison ; et pour s'emparer de tous vos biens, il fit courir le bruit de sa mort. Elle y est depuis environ quatorze ans, elle y serait toujours restée ignorée, sans la maladie qui vient d'enlever Gonzalès. Pressé par ses remords, il m'a fait enfin cette confidence, après m'avoir fait promettre que je la tirerais de cette maison et la remettrais en possession de tous ses biens ; c'est une peine que vous m'épargnerez, je crois, volontiers : je m'en repose sur votre tendresse paternelle.

Soudain, nous nous rendî-

mes, Don Manuel et moi, à l'hôpital des Orphelines, où il la demanda sous le nom de Léonore.
La conformité de ce nom avec celui
de la jeune personne que j'aimais,
et que j'étais sur le point d'épouser,
ne me frappa pas d'abord ; mais la
supérieure ayant répondu à Don
Manuel, qu'elle l'avait remise entre
les mains de la marquise de Sardoval, qui l'avait emmenée avec
elle au Brésil, je reconnus que j'a-
vais chez moi le précieux trésor
que je cherchais et que j'avais tant
pleuré. La joie que j'en eus aurait
été des plus vives, si elle n'eût pas
été troublée par quelques remords.

Je fus d'abord un peu honteux
d'avoir pris un intérêt si tendre à
ma chère Léonore ; cependant je

courus, sur-le-champ, lui faire part de cette heureuse nouvelle : sa surprise et sa joie furent extrêmes, sa confusion était égale à la mienne ; enfin le nom de père sortit de sa bouche, et ce mot seul suffit pour nous faire oublier tout ce qui s'était passé ; ma fille seulement me pressa d'aller faire un pélerinage à Saint-Jacques de Compostelle, en expiation de notre imprudence, et pour remercier Dieu de nous avoir tendu la main lorsque nous étions sur le bord de l'abîme.

Nous ne pûmes nous mettre en route aussitôt que nous l'aurions désiré ; je fus obligé de soutenir un procès contre les Paulistes. Malgré la bonté de ma cause, et le témoignage de Don Manuel, je l'aurais perdue sans une circons-

tance imprévue, qui tourna à mon
avantage. Le trésorier du couvent
eut une altercation avec le supérieur, qui les brouilla tous les
deux : chacun, de son côté, divulgua
les mauvaises actions de son en-
nemi, et j'appris par le trésorier,
que le testament avait été fabriqué
au couvent. Les renseignemens
qu'il me fournit parurent si clairs
à mes juges, que je rentrai dans
tous mes biens, dont ces bons religieux m'avaient dépouillé. Sitôt
que je fus mis en possession de mes
domaines, j'en confiai la garde à
un de mes anciens intendans, et je
partis avec ma chère fille pour le
pélerinage que nous avions résolu
de faire. Voilà, nous dit M. de Termonde, le sujet de notre voyage.
Toute la compagnie fut si touchée de

l'histoire du comte, et si édifiée de la piété des deux pélerins, que chacun leur promit de prier Dieu pour eux. Don Antonio prit le comte en particulier, et lui offrit un demi-cent de messes, s'il voulait lui donner par écrit le récit de ses aventures, dont il était émerveillé : c'était un marché d'or. M. de Termonde y consentit ; il employa les trois jours qu'il resta au milieu de nous à transcrire son histoire, qu'il remit à mon oncle, et partit ensuite avec sa jeune et jolie pélerine pour *San Iago de Compostella.*

CHAPITRE VIII.

Raphaël est appelé en témoignage. — Compagnie qu'il trouve en chemin.

La Mission n'étant plus à Massillia, les comédiens en étaient partis, et je m'ennuyais beaucoup ; une circonstance assez singulière m'offrit bientôt l'occasion de quitter le village.

Les Missionnaires, dont on s'était emparé, avaient été conduits dans les prisons de Villaleda : quelques jours après leur détention, la dame du village , qui avait été blessée lors du dernier sermon, mourut des suites de cet accident. Don Pompeio, qui l'aimait tendrement, en fut si affligé, qu'il résolut de venger sa mort sur les Moines, qu'on pouvait en regarder comme les premiers auteurs. Dans ce dessein, il alla trouver le corrégidor, à qui il raconta son malheur d'une manière si touchante, que celui-ci se mit en devoir de poursuivre l'affaire. Il fit donc assigner plusieurs des principaux habitans, pour être reçus en témoignage contre les Moines ambulans.

Castilmoro, redoutant que si j'étais cité en justice, je n'eusse pas le courage de mentir pour sauver ses confrères, prit, de concert avec mon oncle, le parti de m'éloigner. Je ne demandais pas mieux;

comme nous étions assez près d'E-
vora, et que je ne connaissais pas
cette ville, célèbre par son univer-
sité, je répondis à Castilmoro, qui
me consultait sur l'endroit où je
voulais aller, que je ne serais pas
fâché de voir Evora. Il me parut
fort content du désir que je lui
manifestais, et me donna plusieurs
lettres de recommandation pour les
amis qu'il avait dans cette ville.
Nous partîmes dès le jour suivant,
Ambroise et moi, et nous prîmes
le chemin d'Evora.

Nous avions déjà fait plus des
deux tiers du chemin, lorsque j'entendis tout-à-coup un mélange con-
fus de voix et de chevaux ; m'étant
retourné pour savoir ce que cela
pouvait être, je vis sortir d'un petit
bois qui était sur ma gauche une

centaine de cavaliers , qui de loin
me parurent armés, et qui se diri-
geaient à toute bride sur nous. J'eus
un moment d'effroi, qui se dissipa
bientôt. Cette cavalcade se composait de jeunes abbés, qui allaient,
comme nous, à Evora, et qui, chemin faisant, récitaient leur rosaire
au galop ; nous les suivîmes. Le
rosaire achevé, il se fit un grand
silence : je voulais entrer en conversation avec mes compagnons de
voyage ; mais un des leurs imposa
silence. Cette compagnie muette
commençait à nous ennuyer, Ambroise et moi. Mon domestique se
mit à fredonner un cantique ; mais
un vieux licencié, qui menait la
bande, lui vint dire de se taire, et
de ne point troubler la méditation.
Quelque déplacée que fut cette dé-

votion à cheval, elle m'édifia d'autant que je n'avais encore rien vu de pareil dans nos ecclésiastiques : nous marchâmes ainsi pendant quelque temps ; mais l'horloge ayant sonné, mit fin à la méditation. Autant la compagnie avait été silencieuse, autant elle devint gaie et tumultueuse, lorsque le vieux licencié eut donné la permission de parler.

Comme j'étais auprès du conducteur, je lui demandai où il menait cette jeunesse ? — A Evora, me dit-il, où elle va demain recevoir l'ordination. Je suis, ajouta-t-il, curé dans le voisinage, et comme de tout temps j'ai eu de grands talens pour instruire et former la jeunesse, l'évêque m'a permis de tenir dans l'arrondissement de ma

paroisse une espèce de petit séminaire. Là, je rassemble tout ce que
je peux trouver de jeunes paysans
dans les campagnes des environs ;
je leur apprens à lire , à écrire, je
leur donne toutes les instructions
religieuses nécessaires , et au bout
de six mois, je les mène moi-même
à Monseigneur, qui , sur ma parole, en fait des prêtres. Vous sentez bien que je ne prétends pas que
l'église ne renferme pas des sujets
plus précieux que mes jeunes élè-
ves ; mais par le temps qui court,
il y a encore de plus mauvais prêtres que ceux que je fais !

Cette conversation , dont je ne
rapporte qu'une partie , nous oc-
cupa jusqu'à Evora ; où nous arrivâmes vers neuf heures du soir. Il
était trop tard pour que le licencié

conduisît sa nouvelle recrue au grand séminaire, il la fit descendre dans une hôtellerie à l'entrée de la ville : nous nous y arrêtâmes aussi, Ambroise et moi. J'étais fatigué, je me fis servir promptement une légère collation ; j'allais me mettre au lit lorsque je me ressouvins fort à propos que j'avais quelques ordres à donner au valet de mon oncle. Je descendis à la cuisine, où j'étais presque certain de le trouver : il y était effectivement ; mais ce que je ne m'attendais pas à y voir, c'était une ample collection de volaille et de gibier , qui occupaient une demi-douzaine de broches, et rôtissaient devant un feu d'enfer : j'en témoignai mon étonnement à notre hôte, à qui je demandai s'il ignorait qu'il était jeûne. — Je le sais bien, me

répliqua-t-il , aussi ai-je fait d'a-
bord quelques difficultés à nos
jeunes abbés ; mais ils m'ont soutenu , démontré, prouvé par de
bonnes autorités, que tous les voyageurs étaient dispensés de suivre les
lois de l'église. Comme là - dessus
ils en savent beaucoup plus que
moi, je me suis tu ; c'était d'ailleurs une excellente occasion de
me défaire de quelques pièces de
basse-cour que j'avais en réserve,
et vous sentez qu'il sierait mal à un
pauvre aubergiste de vouloir être
plus catholique que ces jeunes messieurs , dont on fera des curés au
premier jour.... Il parlait encore
lorsque je vis entrer trois de mes
compagnons de voyage, qui recom-
mandèrent à l'hôte de presser leur
souper ; ils venaient lui apporter

la note des vins dont il devait accompagner le rôti. Comme les préparatifs étaient assez considérables,
je demandai à l'aubergiste combien
ils étaient? — Trente, me répondit-il. Le licencié qui les conduisait, n'ayant pu se loger avec toute
sa troupe chez moi, m'a laissé les
plus sages; c'étaient, en effet, ceux
qui m'avaient le plus édifié dans le
chemin, par l'ardeur dont ils paraissaient pénétrés en récitant leur
rosaire.

Je me retirai, non sans avoir
encore fait quelque remontrance à
l'aubergiste sur sa faiblesse.... Ah!
Seigneur, croyez que si j'avais eu
du poisson, les choses se seraient
passées bien différemment. Je suis
bon chrétien quand il le faut; et
l'on vous dira partout que je ne

manque ni une messe, ni un prône ; mais Dieu n'a pas défendu de faire ses petites affaires, et si j'ai péché, j'en ferai confession au père Séraphin, qui ne m'a pas encore refusé une absolution depuis qu'il dîne chez nous.

On avait mis le couvert de ces messieurs dans une chambre qui n'était séparée de la mienne que par une légère cloison, de sorte que j'entendais tout ce qui s'y disait. Ils commencèrent par faire monter une soixantaine de bouteilles, qu'ils bûrent à la santé des villageoises qu'ils quittaient. Ce ne pouvaient être que des sœurs, des cousines, des parentes, qu'ils aimaient beaucoup, et qui occupaient une grande place dans leurs souvenirs.

On les servit, et ils se jetèrent comme des affamés sur les viandes. Le vin ayant commencé à produire sur eux quelque effet, ils se mirent à chanter des chansons qu'ils avaient apprises avant d'entrer dans les ordres, et qu'ils n'avaient pas encore oubliées. La plupart de ces jeunes abbés possédaient des voix magnifiques, aussi leurs camarades paraissaient-ils regretter beaucoup qu'ils n'eussent pas pris la carrière du théâtre, où ils auraient fait fortune. Le sommeil me gagnait, et je me couchai : il y avait plus d'une heure que je dormais lorsque je fus réveillé par un vacarme effroyable ! Je ne savais d'où venait ce bruit ; je me jettai à bas du lit, je m'emparai de mon épée, et je parus en chemise au milieu de nos étourdis, qui lutinaient les trois servantes de l'auberge. Mon aspect les pétrifia d'abord, mais leur frayeur ne dura pas long-temps ; en me voyant ainsi vêtu, ils éclatèrent de rire, et les jeunes filles profitèrent de cet accès de gaîté pour s'échapper. Dès que la cause du scandale eut disparu, tout rentra dans l'ordre accoutumé ; je regagnai mon lit et je m'endormis profondément.

CHAPITRE IX.

Le docteur Lanternès. — Les bains de lait. — La jolie supérieure. — Les acteurs de collége.

Je n'eus rien de plus pressé le lendemain, que d'aller voir le docteur à qui Don Castilmoro m'avait adressé ; il se nommait Don Lanternès , dit *Castilla.* À peine lui eus-je dit de quelle part je venais, qu'il me fit mille amitiés, et voulut me présenter à son frère le jurisconsulte ; nous passâmes pour cet effet dans son cabinet, où nous le trouvâmes en fort aimable compagnie ; c'était une jeune abbesse qui le venait consulter au sujet d'un procès que sa communauté lui avait intenté. Ce contre-temps, dont Lanternès aurait dû m'avertir, m'empêcha de faire à son frère une visite aussi longue que la bien-séance semblait l'exiger : je me levai presque aussitôt, après les pre-mières civilités, et nous le laissâmes avec la jeune supérieure, au procès de laquelle il me parut qu'il pre-nait beaucoup d'intérêt. Elle le mé-ritait bien : jamais je n'ai vu de beauté si accomplie ; ses charmes, qui me frappèrent d'admiration, excitèrent ma curiosité. Je deman-dai au docteur quel sujet de plainte une si aimable personne pouvait avoir donné à sa communauté? Bon! des sujets de plainte, dit Lanternès. Eh ! ne connaissez-vous pas les femmes, et de quoi la jalousie les rend capables? C'est un terrible grief chez ce sexe qu'une grande beauté! Cette aimable abbesse en est un exemple : ses religieuses n'ont pu voir, sans jalousie, qu'elle leur enlevât les hommages de tous nos seigneurs portugais. Pour s'en venger, elles ont projeté de lui faire déserter son abbaye; et dans cette charitable vue, elles l'ont accusée de dissipation ; on a présenté contre elle des mémoires injurieux, dans lesquels elles ont avancé que tous les revenus du couvent s'en allaient en collations qu'elle donnait à la grille, en essences, en pommades, en parfums, et mille autres ingrédiens qui composaient la toilette de l'abbesse. Enfin, on a

porté l'animosité jusqu'à l'accuser
d'avoir pris plusieurs fois des bains
de lait, pour entretenir la blancheur et la douceur de sa peau ;
mais l'abbesse s'est bien justifiée de
ce dernier reproche, en prouvant
que ce lait avait été servi à la communauté. On peut juger par ce
trait, combien les plaintes des religieuses sont fondées ; elles ne ces-
sent cependant de la poursuivre ;
mais sa grande beauté lui répond de
la faveur de ses juges. — Eh ! pourquoi donc, dis-je à Lanternès,
n'ont-ils pas déjà prononcé en sa
faveur ? — C'est, continua le Docteur, qu'entre nous, l'abbesse n'est
pas fâchée de la durée de ce procès, qui la dispense de la clôture.
D'ailleurs, la justice, qui tire de
bonnes épices des deux parties, ne

serait pas contente de les voir sitôt d'accord.

Pendant que nous nous entretenions ainsi, un laquais vint nous présenter le chocolat ; Lanternès, en ayant pris une tasse, m'en fit aussi servir : mais je l'en remerciai. Au moins, seigneur Raphaël, me dit-il, que ce ne soit pas par scrupule. Je sais tous mes casuistes par cœur ; ainsi vous pouvez vous en rapporter à moi, et m'imiter. À ces mots, il avala son chocolat sans pain ; ce qu'il me fit remarquer, comme une preuve qu'il était rigoureux observateur du jeûne. Nous parlâmes ensuite de son bon ami Castilmoro, qui, disait-il, le négligeait beaucoup. Vous ne vous en plaindrez pas encore longtemps, lui dis-je : je crois qu'il viendra vous voir au premier jour, et consulter monsieur votre frère sur une assez mauvaise affaire qui lui est survenue. Je lui racontai la triste catastrophe de la mission de Massilia. Cela ne me surprend pas, dit le vieux Docteur en soupirant ; la parole de Dieu a toujours été en butte à la contradiction. C'est ainsi que les apôtres, après l'avoir prêchée au peuple, étaient jetés dans les prisons ; mais Dieu, qui les en tirait par miracle, en fera sans doute quelqu'un pour délivrer ces bons religieux. Au reste, Castilmoro n'a rien à craindre, il n'a qu'à venir ici ; je suis assez grand ami de l'inquisiteur pour le tirer d'affaire, quand il aurait tué lui-même les deux personnes qui ont été étouffées dans son église. C'était pousser loin l'amitié et la charité chrétienne. Comme j'étais chargé de quelques commissions, je voulus sortir pour m'en acquitter, et voir en même-temps quelques-unes des curiosités de la ville; mais Lanternès me retint jusqu'au dîner; il fut splendide, et nous y bûmes plus d'une fois à la santé de Castilmoro et de Don Antonio. Il ne put cependant être aussi long que Lanternès l'aurait souhaité, parce qu'il était obligé de se trouver à la réception d'un jeune docteur, qui avait lieu l'après-dînée. L'occasion était trop belle pour la manquer; je le priai donc de vouloir bien me mener avec lui : nous nous rendîmes ensemble au collége, où devait se faire la cérémonie.

C'est une grande et vaste maison

d'une structure simple, mais noble : le seul défaut que j'y remarquai, c'est que celui qui l'avait fait
bâtir, avait eu la vanité de faire
mettre ses armes jusque sur les
gouttières. La chapelle est un chef-
d'œuvre pour l'architecture ; l'in-
térieur, cependant, ne répond pas
tout-à-fait à l'idée que donne la
magnificence du dehors, il est des
plus simples ; et si l'on en excepte
un grand crucifix de marbre, qui
tient tout le milieu de l'autel, la
décoration n'a rien que de très-
commun. Cette grande simplicité
m'étonna ; j'en demandai la raison
au docteur. Elle est fort naturelle,
me dit-il ; tous ces pompeux colifichets que vous voyez ordinairement dans les églises, y sont moins
pour honorer Dieu que pour y

attirer le peuple, et surtout les femmes qui aiment le luxe partout. C'est pour cela que les Moines, qui ont intérêt de les attirer chez eux, tiennent les leurs si propres ; c'est aussi dans cette vue qu'ils multiplient tant les indulgences et les fêtes, parce qu'ils y déploient, ces jours-là, aux yeux des femmes et des simples, tout ce que leurs bienfaiteurs leur ont donné de plus magnifique, pour faire naître l'envie de les imiter ; ce qui ne leur réussit que trop souvent. Pour nous, qui n'ouvrons notre chapelle qu'une fois l'an au peuple, nous nous contentons d'adorer Dieu en esprit et en vérité, sans donner dans un luxe, qui souvent lui déplaît plus qu'il ne l'honore. Cependant, poursuirit-il, le peu d'ornemens que vous voyez ici n'est pas si commun, qu'il ne fasse l'admiration des connaisseurs. Ce crucifix, par exemple, est un chef-d'œuvre, plus estimé que toute la pompe dont on fait parade dans les autres églises. Ces paroles du docteur excitèrent ma curiosité ; je m'approchai pour mieux considérer cet ouvrage, dont la vue me confirma ce que Lanternès venait de dire : il ne m'en arracha qu'avec peine, pour me mener à la Bibliothèque des docteurs. Elle me parut assez belle, à la poussière près qui était sur les livres : ce qui me fit conclure que ses confrères ne la fréquentaient pas beaucoup.

Nous descendîmes pour entrer dans une grande et vaste salle, où nous trouvâmes environ deux cents docteurs en robe et en fourrures. La cérémonie était déjà très-avancée ; le doctorande soutenait sa quatrième thèse : elle était employée à démontrer que toutes les créatures humaines méritent d'être damnées sans exception , et que, si par hasard , il en existait qui fussent innocentes, Dieu peut les condamner sans injustice, attendu què ceux qui meurent, peuvent, non-seulement être damnés pour les péchés qu'ils ont commis, mais encore pour tous ceux qu'ils auraient pu commettre. Là singularité de cette thèse, et la manière dont le doctorande la soutint, me firent regretter de ne l'avoir pas entendu en entier.

Lanternès me conduisit ensuite

à l'archevêché, qui est une des beautés de la ville, admirée par les habitans d'Evora ; c'est un vieux palais, curieux seulement par son antiquité. Les salles, vastes et sombres, y ressemblent plutôt à des prisons qu'à des appartemens. Nous arrivâmes à une espèce d'anti-chambre, nommée la salle d'examen ; là, nous vîmes deux grands vicaires avec une foule d'ordinans, à qui, pour toute épreuve de capacité, ils faisaient signer leur nom au bas de je ne sais quelle pancarte. J'aperçus parmi eux nos compagnons de voyage ; ils n'osèrent lever les yeux tant que je restai là : mais ils se sentirent soulagés d'un grand poids lorsqu'ils me virent sortir.

De là nous nous rendîmes au collége des Paulistes, où il y avait grande collation et spectacle ce jour-là. En entrant nous aperçûmes un théâtre au milieu d'une grande cour : un religieux, le manuscrit en main, faisait répéter de jeunes écoliers. A peine nous eut-il vus, qu'il sauta du théâtre en-bas, et vint au-devant de nous ; il nous conduisit dans sa chambre, où nous trouvâmes un grand nombre de dames, qui attendaient, avec impatience, que le spectacle commençât.

On vint, au bout de quelques minutes, nous annoncer que tout était prêt. Nous allâmes prendre nos places : il y avait un monde considérable. La pièce qu'on devait donner était intitulée : *Le Chemin de l'Enfer*. Le titre seul annonçait un ouvrage curieux. Le rideau se

leva , et nous montra , sur un trône
dressé au milieu d'un temple , où
tout respirait la volupté , la déesse
de la Beauté , représentée par le
plus beau jeune homme que ces
pères eussent pu trouver parmi
leurs pensionnaires ; à ses côtés
était un enfant d'une figure ravis-
sante , qui représentait l'amour.
Une foule de jeunes gens , dont la
moitié était revêtue d'habits de
femme , venaient offrir leurs hommages à ces deux divinités , et s'enrôler sous leurs étendarts. Tous
les plaisirs et les extravagances de
l'amour , du vin et du jeu , étaient
ensuite offerts à la curiosité des
spectateurs. Il faut convenir que
l'auteur, dont on ne peut révoquer
en doute la bonne intention , s'était
singulièrement trompé sur l'effet

que sa pièce devait produire : il avait mis dans le chemin qui conduit à l'enfer une si grande variété de plaisirs, d'agrémens, de séductions; il avait semé le chemin qui conduit au paradis, de tant d'écueils, d'obstacles et de précipices, que malgré le tableau du bonheur, et la peinture des tourmens qui attendaient les uns et les autres dans l'autre monde, les spectateurs préféraient tous parcourir, pendant cette vie, la route qui doit plus tard mener chez Satan.

J'ignore où les jeunes acteurs avaient pu apprendre la manière de jouer la comédie; mais il est certain qu'ils remplirent leurs rôles à la satisfaction générale. Finesse, esprit, coquetterie dans le débit et les manières; élégance dans la mise : tout fut employé par eux, et fut employé si à-propos, qu'on eût pu croire qu'ils avaient une grande habitude du théâtre.

Je restai encore quelques jours à Evora, où j'achevai de voir tout ce qui pouvait piquer la curiosité. Je retournai ensuite à Massilia, où l'affaire des Missionnaires était entièrement terminée. Tant de personnes s'étaient intéressées aux quatre religieux, qu'ils en avaient été quittes pour être remis aux mains de leurs supérieurs. Castilmoro était si charmé de leur délivrance, qu'il fit chanter un *Te Deum* en action de grâce. Ensuite je revins chez mon oncle, où je restai encore quelques jours, après lesquels je repris le chemin de Lisbonne.

Je n'étais qu'à un mille de Sylveyra, lorsque j'aperçus un groupe de sbires qui laissait un chemin de traverse pour venir à ma rencontre sur la grande route ; ils avaient au milieu d'eux une pauvre religieuse, dont le voile était baissé, qui paraissait beaucoup souffrir. Je m'approchai du groupe, et je reconnus un certain Don Vulpès de Tapino : c'était un commissaire du Saint-Office, qui aurait été un assez honnête homme, sans une envie démesurée de faire fortune, qui lui faisait passer par-dessus tout. Comme je l'avais vu quelquefois chez une personne de ma connaissance, ç'en fut assez pour l'aborder et lui demander où il allait. — A Sylveyra, me répondit-il, où nous irons de compagnie, si vous voulez;

car il me paraît, Seigneur, que vous tournez de ce côté-là. Je m'intéressais déjà au sort de sa captive, et je fus bien aise que cette occasion me fournît les moyens de savoir quel était son crime; mais Don Vulpès l'ignorait, et je n'en pus rien apprendre, sinon que c'était une malheureuse religieuse qu'il avait ordre de remettre dans un couvent de Lisbonne, en attendant que l'Inquisition lui fît son procès.

Lorsque nous fûmes arrivés à Sylveyra, j'obtins de Vulpès le plaisir de voir la prisonnière. La pauvre fille était si accablée de fatigue et de mauvais traitemens qu'on lui avait fait essuyer, qu'elle n'eut pas la force de se lever pour me rendre mon salut.

Elle n'entendait pas la langue

portugaise; mais comme je savais parfaitement l'italien, nous entrâmes facilement en conversation. Le son de sa voix avait une douceur et un charme inexprimables; elle s'aperçut de l'impression qu'elle faisait sur moi, et vit bien que l'intérêt que je prenais à sa situation était sincère. Après quelques momens, je lui offris mes services, qu'elle refusa d'abord; mais ce refus ne me découragea point : mon zèle s'en augmenta, au contraire; et pour lui acquérir une nouvelle force, je priai la jeune religieuse de me donner une connaissance parfaite des malheurs qu'elle avait éprouvés. Elle y consentit avec peine..... Ah! Seigneur, me dit-elle, ce récit va renouveler mes douleurs, et il n'aura peut-être d'autre effet sur vous, que de vous inspirer de l'aversion pour une classe d'hommes dont le caractère et la conduite devraient être des modèles de vertu, de sagesse et d'humanité.

CHAPITRE X.

Histoire de la religieuse Angélique.

—

JE suis italienne, Seigneur, continua la Religieuse ; mon langage vous le fait assez connaître. Je naquis à Bologne , de parens illustres : mon nom est Dona Angéliqua Virtuosi. Quoique je pusse tenir un rang considérable dans le monde (*ce que ma famille désirait ardemment*) , mon penchant, et l'éducation chrétienne que j'avais reçue , me firent préférer la vie religieuse aux vanités du siècle. Je pris donc le voile à l'âge de vingt

ans, des mains de notre archevêque. Funeste époque, qui devint
l'origine et la cause de tous mes
malheurs !....—Quoi ! Madame,
interrompis - je, vous repentiriez-
vous d'avoir embrassé cet état? —
A Dieu ne plaise , reprit Angélique ! toute ma consolation, dans
ma disgrace, c'est de ne l'avoir
point méritée, et d'avoir toujours
conservé à mon céleste époux la
fidélité que je lui ai promise à la
face des autels ; mais, aurais-je
jamais pu croire que celui, entre
les mains de qui je l'avais jurée ,
dût me solliciter de la violer. C'est
pourtant ce qui m'est arrivé. Par-
don, Seigneur, si je semble manquer au respect que je dois à
l'église, en vous révélant les scan-
dales de ses ministres ; mais, outre

qu'elle n'en est point responsable, c'est un témoignage que je dois à mon innocence et à la vérité.

Comme la nature m'avait donné quelques charmes, le prélat en fut si frappé, lors de la cérémonie, qu'il conçut pour moi une passion des plus violentes. Dès le lendemain, dans une visite qu'il me rendit, il me fit la déclaration de ses sentimens; et pendant tout le temps qu'il passa auprès de moi, il ne m'entretint que de son amour. Jugez, Seigneur, de l'étonnement où me jeta ce langage ! La juste horreur qu'il m'inspira me fit manquer aux règles de la bienséance, et je m'enfuis pour ne pas m'exposer à manquer de respect à mon supérieur. L'impolitesse de mon procédé ne l'empêcha pas de me

revenir voir quelques jours après.
Je refusai d'abord de paraître devant lui ; mais ayant prié notre
supérieure d'interposer son autorité pour me faire venir, puisque
la sienne ne suffisait pas, je me
rendis au parloir, dans la persuasion qu'il ne serait pas assez indis-
cret pour découvrir devant une
autre personne la passion qu'il
avait pour moi. Quelle était mon
erreur !..... A peine m'eut-il aper-
çue que ses transports éclatèrent ;
ses yeux, qui ne cherchaient qu'à se
rassasier du plaisir de me voir, me
firent connaître que mes refus, loin
de le rebuter, n'avaient fait que
l'enflammer davantage. Pour se
procurer plus souvent ce funeste
plaisir, il pria la supérieure de m'engager à ne plus refuser ses visites à

l'avenir; et celle-ci, qui n'avait qu'un esprit très-borné, et qui, d'ailleurs craignait de déplaire à l'archevêque, m'ordonna de descendre toutes les fois qu'il me ferait demander.

Un reste de respect pour la dignité dont il était revêtu, m'empêcha de lui dire les raisons que j'avais pour le refuser ; je me promis cependant bien de n'avoir aucun égard aux ordres de ma supérieure : en effet, le prélat étant revenu la semaine suivante, je le fis prier de supprimer dorénavant ses visites. Il eut recours, comme la première fois, à la supérieure, qui, n'ayant pu rien gagner sur moi, me mit en pénitence pour lui avoir désobéi. Je m'y soumis avec joie, préférant cette humiliation au funeste honneur de voir un homme qui ne cherchait qu'à me séduire.

Cependant, l'archevêque, piqué de mes refus, ne songea plus qu'à se venger du mépris que je faisais de son amour. Pour y réussir , il m'accusa de je ne sais quelle hérésie imaginaire, qui faisait, dit-on , beaucoup de bruit, et dont néanmoins je n'avais jamais entendu parler : ce n'était pas pour lors le moyen d'y être tombée. Le prélat fit cependant entendre à la supérieure que les fréquentes visites qu'il me rendait n'avaient d'autre but que ma conversion; mais que mon obstination à ne point le recevoir, rendaient ses désirs et ses peines inutiles. Il l'avertit donc de se défier de moi, et de prendre garde, surtout, que je n'infectasse la communauté de mes erreurs ; il ajouta que, pour prévenir ce malheur, il fallait m'interdire tout commerce avec les autres religieuses, en me renfermant d'abord dans ma cellule ; et que si je ne changeais point, on verrait à prendre d'autres mesures.

La crédulité fut toujours le défaut de notre sexe ; quoique la supérieure n'eût jamais rien aperçu dans mes discours, ni dans ma conduite, qui pût lui donner le moindre soupçon, son respect aveugle pour le prélat lui fit douter de mon innocence, et elle exécuta ses ordres. Je m'y soumis, et je demeurai dans ma cellule l'espace d'un mois, au bout duquel on me vint annoncer une visite de l'archevêque. Je la refusai ; ce refus mit notre supérieure dans une si grande colère, qu'elle me fit renfermer dans la prison du monastère : j'y passai quinze jours ; et comme je persistais toujours à ne vouloir point voir le prélat, on joignit les disciplines à ma pénitence. Je les souffris avec résignation ; mais, cependant, voyant que ma patience ne me procurait aucun adoucissement, je demandai un jour à la supérieure de quelle faute j'étais coupable pour être ainsi traitée.— Vous ne le savez que trop, répondit-elle ; et c'est le comble de l'endurcissement de ne vous en être pas accusée et corrigée plutôt. Vous vous flattiez, sans doute, de pervertir toutes vos compagnes ; et peut-être l'auriez-vous fait, si notre respectable prélat n'eût eu la charité de m'en avertir....... — Éh quoi ! Madame, interrompis-je, c'est lui qui me fait traiter de la sorte? — Assurément, continua-t-elle, et vous devez lui avoir de grandes obligations de ce qu'il ne vous a pas livrée, comme vous le méritez, à notre Sainte-Inquisition, qui, Dieu merci, vous aurait déjà fait brûler toute vive. — L'obligation est grande, lui répondis-je; cependant avertissez-le que s'il continue à me faire ainsi tourmenter, je pourrais bien révéler à la Sainte-Inquisition des choses qui lui attireraient à lui-même les malheurs dont vous me menacez.

Ma réponse fut reportée au prélat, qui, en craignant les suites, crut devoir essayer encore de me gagner par douceur. Je me rendis cette fois au parloir, où je me fis exprès accompagner par la supérieure. Il commença par se plaindre, d'une manière tendre et insinuante, de la cruauté que j'exerçais envers lui, en lui refusant le plaisir de me voir, et il me dit à ce sujet mille choses obligeantes. Je lui répondis, que m'étant donnée à Dieu, je ne croyais pas, puisqu'il fallait le déclarer, pouvoir en conscience écouter les galanteries d'un archevêque; que c'était-là le motif qui m'avait fait refuser ses visites, auxquelles il fallait qu'il eût la bonté de renoncer, sans quoi je me croirais obligée de recourir à une autorité supérieure à la sienne. J'ajoutai plusieurs autres choses, qui lui procurèrent une mortification que je crus lui devoir être salu-

taire : je me trompais; les ecclésiastiques, lorsqu'ils se sont une fois
écartés du bon chemin, y rentrent
moins que les autres. Tout l'effet
de ma remontrance fut de me rendre encore plus malheureuse. Son
amour, au désespoir, se changea
en fureur, et lui fit conjurer ma
perte. Pour exécuter plus sûrement
son dessein, il fit solliciter, près
du Pape, une permission, qu'il
obtint, de me faire transférer à
Badajos, dans une autre maison
de notre ordre.

L'évêque de cette ville, que celui de Bologne avait choisi pour être
le ministre de sa vengeance, était
de ces hommes ignorans, à qui un
zèle aveugle fait commettre dévotement les injustices les plus crian-
tes. Son confrère m'avait peinte

à lui sous les couleurs les plus affreuses ; j'étais une hérétique sans pareille, capable de pervertir un royaume : rien n'était plus dangereux que mes principes en religion , etc. , etc. Aussi, à peine fus-je arrivée, que l'évêque délibéra s'il me remettrait entre les mains de l'Inquisition. Il y était presque résolu ; cependant il voulut auparavant avoir l'avis de son confrère, à qui il en écrivit. L'archevêque, craignant que si on me livrait à un tribunal de justice réglée, on ne découvrît le véritable motif de l'accusation , lui manda que cela lui paraissait inutile, attendu qu'il pouvait me faire souffrir, dans le couvent, tous les châtimens usités dans ce tribunal. Son ordre fut exécuté ; je fus conduite aussitôt dans la prison du

monastère , où l'on me laissa pendant six mois ; on ne m'en tira au
bout de ce temps que pour paraître
devant le prélat , qui me demanda
si j'étais rentrée en moi-même , et
si j'étais enfin résolue d'abjurer mes
hérésies. Figurez-vous , Seigneur ,
quelle fut ma surprise ! Je lui répondis que je n'en avais jamais
connu aucune , et que je n'avais
jamais eu sur la religion d'autres
sentimens que ceux de l'église.
Toute sa réponse fut de me faire
renfermer encore pendant six autres mois ; et, pour m'engager à
abjurer plutôt mes hérésies prétendues , il donna ordre à la supérieure de me faire retrancher toutes
les semaines quelque chose de ma
nourriture ; n'étant pas juste ,
disait-il , qu'une mauvaise brebis

fût aussi bien nourrie que les autres.

Son ordre fut si exactement suivi, qu'au bout de ce temps, on ne me donnait pas, à beaucoup près, de quoi me nourrir. Le prélat, me croyant alors convertie, me vint faire un long sermon sur le malheur de ceux qui tombaient dans l'hérésie, et qui y persévéraient. — Si ç'en est une, lui dis-je pour une vierge chrétienne, de ne vouloir pas condescendre aux désirs criminels de son évêque, j'avoue que j'en suis, et que j'en serai toujours coupable ; pour les autres... — Et voilà justement, interrompit le Pontife, la marque où je reconnais que vous êtes véritablement hérétique. Mépris pour la prélature, première preuve d'hérésie ;

médisances scandaleuses pour la décrier, seconde preuve d'hérésie; obstination à soutenir ces médisances, troisième et dernière preuve d'hérésie. Avec de pareilles convictions, pourrais-je vous absoudre ? Non, sans doute. Je vous condamne donc, comme hérétique convaincue, à quatre ans de prison, au pain et à l'eau, et à trois disciplines par jour.

Quelque injuste, quelque cruelle que fût cette sentence, la supérieure allait l'exécuter, sans un accident qui aurait bien dû lui ouvrir les yeux sur mon innocence; la prison s'écroula pendant que j'étais encore avec le prélat, et elle écrasa, sous ses ruines, deux religieuses. C'étaient deux espèces de fanatiques, de ses grandes amies, et qui, sans m'avoir jamais ni vue, ni connue, étaient tellement prévenues contre moi, qu'elles ne cessaient de l'animer à me persécuter. Leur mort tragique fut regardée, par la plus saine partie de la communauté, comme une juste punition de leur animosité, et comme une preuve visible de mon innocence. La supérieure, et quelques religieuses, qui étaient de son parti, regardaient, au contraire, cet événement comme un coup du ciel, qui se vengeait, disaient-elles, de ce qu'on avait trop différé à me punir du dernier supplice. C'est ainsi que le faux zèle et l'esprit de passion aveugle les personnes ignorantes, et les porte charitablement aux plus horribles excès. Cet accident, loin de m'être favorable, ne fit donc qu'indisposer encore davantage la supérieure ; qui, me regardant comme la cause de la mort de ses deux amies, résolut de la venger sur moi. La chute de la prison, qui ne pouvait être sitôt rétablie, retardait sa vengeance ; mais son animosité y suppléa, en faisant construire, à la hâte, dans le jardin, une espèce de cage de bois, dans laquelle on m'enchaîna. Là, pour tout lit, on me donna un peu de paille, que j'étendais moi-même par terre, et du pain et de l'eau pour toute nourriture.

Un traitement si horrible, et plus encore la rigueur des saisons, et les injures du temps, auxquelles j'étais exposée, me causèrent une maladie violente, dont la seule

main de Dieu me tira. Je vis alors,
ce que je n'aurais pu me persuader,
si je n'en avais fait la cruelle expérience; c'est que le préjugé, en fait
de religion, étouffe, dans les es-
prits faibles, tous les autres sentimens, et ceux même de l'humanité. Quelque dangereuse que fût
ma maladie (c'était la petite vérole),
on ne changea rien à mon régime;
il semblait, au contraire, que la
supérieure fût bien aise que Dieu
suscitât cette occasion pour se défaire plutôt de moi. Dans un aban-
don si général, toute ma ressource
fut dans le Père des miséricordes,
à qui j'offris mes souffrances et ma
vie même. Pour lui rendre ce sacrifice plus agréable, je demandai
les sacremens, dont on m'avait
privée depuis mon entrée dans ce

monastère. L'évêque, surpris de ma demande, fit dire à la supérieure qu'on pouvait me les administrer ; mais qu'il fallait auparavant me faire signer une formule qu'il lui envoya. Il m'y faisait jurer une soumission aveugle aux évêques, et anathémiser quantité de propositions sur le dogme et sur la morale.

Quoique je ne fusse nullement versée dans la pernicieuse science des équivoques, je vis bien qu'il y en avait dans ce qu'on me demandait de sa part : en effet, les propositions qu'on me voulait faire abjurer, étaient si conformes aux vérités de notre sainte religion, que je vis bien que son dessein, en me faisant souscrire sa formule, était de me rendre réellement hérétique. La soumission aveugle aux évêques, qu'il exigeait encore, ne m'était pas moins suspecte ; je n'eus pas de peine à voir que, par cette signature, il prétendait me faire approuver la conduite que M. de Bologne et lui avaient tenue à mon égard, et condamner la résistance que j'avais apportée aux désirs criminels du premier. J'évitai ce double piége, en refusant de signer cette formule : les sacremens me furent aussitôt refusés ; mais Dieu, qui n'a pas besoin de l'entremise des hommes pour nous donner ses grâces, y suppléa par d'autres voies ; il me rendit même la santé, au grand étonnement de toute la communauté, qui comptait que je ne reviendrais jamais d'une si terrible maladie.

Je commençais à respirer, après six ans de souffrances, lorsque je retombai entre les mains d'un nouveau persécuteur. Don Laurent de la Torrez, grand-inquisiteur du royaume de Portugal, étant allé à Rome, pour quelques affaires de son tribunal, passa, à son retour, par Badajos ; il y fut reçu avec des honneurs extraordinaires, par l'évêque, qui l'engagea à y rester quelques jours. Pendant ce séjour, ils s'entretinrent souvent des affaires de la religion, et surtout des hérésies prétendues de ce temps. Ces charitables seigneurs se délectaient à faire le dénombrement des personnes qu'ils avaient persécutées sous ce prétexte : l'évêque en comptait, pour sa part, jusqu'à cinq cents qu'il avait fait emprisonner ;

mais l'inquisiteur en avait fait, pour la sienne, brûler plus de mille, quoiqu'il n'y eût pas dix ans qu'il eût sa charge. Ces glorieux et charitables exploits lui attirèrent de grands éloges de la part du prélat, qui loua son zèle pour l'église, et prit de là occasion de lui parler de moi. Comment! dit l'inquisiteur d'un air surpris, il y a quatre ans qu'elle est entre vos mains, et vous ne l'avez pas encore réduite! Par saint Jacques, que n'ai-je eu une pareille commission; je ne lui aurais donné que quatre jours pour faire son abjuration, ou bien, ... au fagot. L'évêque, qui était las de me persécuter, lui demanda s'il voulait se charger de ma conversion; ce qu'il agréa, mais, comme il n'avait point de jurisdiction en

Espagne, il fut arrêté qu'on me ferait passer en Portugal : c'est en conséquence de cette résolution, que j'ai été remise entre les mains de cette soldatesque, qui m'a fait essuyer sur la route toute sorte de mauvais traitemens. Ce n'est sans doute rien en comparaison de ceux qu'on me réserve ; mais j'espère que Dieu me fera la grâce de les supporter constamment, et de perdre plutôt la vie que de manquer à la fidélité que je lui ai promise.

CHAPITRE IX.

Changement de costume. — La Religieuse est sauvée par son cousin Raphaël.

ANGÉLIQUE finissait le récit de ses malheurs, lorsque Don Vulpès vint nous rejoindre : il fut très-surpris de me voir demeurer si long-temps avec une personne pour laquelle il ne croyait pas qu'on dût s'intéresser. Il se trompait ; car jamais personne ne mérita plus de compassion que cette religieuse infortunée. Le récit de ses malheurs m'attendrit, et me fit souhaiter de trouver les moyens de pouvoir l'arracher à ses persécuteurs ; le ciel m'en inspira un qu'il avait autrefois fait réussir dans des conjonctures à-peu-près semblables, et que je résolus de tenter. Après avoir exhorté Angélique à prendre courage, je priai Don Vulpès de permettre que nous soupassions tous les trois ensemble ; ce qu'il m'accorda. Etant sorti un moment pour donner quelques ordres à mon valet, je coulai dans les mains de l'hôte une douzaine de ducats pour régaler la soldatesque, ensuite je revins me mettre à table avec le commissaire et sa captive. Nous fûmes servis par Ambroise, à qui je recommandai Don Vulpès, que je savais être un peu ivrogne de son naturel.

Les vices des hommes sont utiles quelquefois; et Dieu, qui conduit tout à ses fins, en tire, quand il lui plaît, de très-grands biens; c'est ce qui arriva dans cette occasion. Nous bûmes, non-seulement à nos santés, mais à celles de nos parens et de nos amis. Mon père fut mis à la tête de celles que me porta Don Vulpès. Eh quoi! s'écria Angélique, serait-il possible que quelqu'un de vous connût Don Fernand d'Aguilar. Le commissaire, qui n'entendait pas plus l'italien que la plupart de nos prêtres n'entendent le latin, ne comprenait rien à cette exclamation, dont je fus charmé. Madame, dis-je à Angélique, je connais Don Fernand, comme un fils doit connaître son père; et si je puis..... — Ah!

Seigneur, interrompit-elle, je ne m'étonne plus que vous vous soyez intéressé à mon sort d'une manière si particulière ; je croyais n'avoir été consolée dans ma disgrace que par un étranger, et le ciel me fait trouver dans mon consolateur un proche parent, qu'il envoie à mon secours. Oui, Seigneur, vous voyez devant vous la fille infortunée de Léonora d'Aguilar, votre tante. Quel bonheur pour moi de rencontrer un cavalier qui a si bien hérité des vertus de sa famille ! mais quel triste spectacle pour vous de retrouver une parente dans une situation si déplorable ! Rassurons-nous, cependant ; Dieu, qui n'abandonne jamais les siens m'a sans doute permis que je vous rencontrasse ici pour me tirer des

mains de mes ennemis : déjà même
je sens renaître au fond de mon
cœur la douce espérance qu'il m'en
fera triompher, et qu'ils seront
confondus.

La présence du commissaire
m'empêcha de faire éclater toute
la joie que j'avais de retrouver une
si vertueuse parente. Ambroise,
qui savait que je ne cherchais qu'à
me débarrasser de lui, redoubla
les rasades; mais Don Vulpès était
si familiarisé avec le vin, qu'il ne
put le réduire. Il fallut, pour en
venir à bout, qu'il mêlât quelques
drogues dans son vin, qui l'enivrè-
rent et l'endormirent. Je saisis ce
moment pour exécuter le projet
que j'avais conçu. Ma chère cou-
sine, dis-je à Angélique, le temps
st trop précieux, et vos malheurs

sont trop pressans pour manquer le seul moment que nous avons peut-être pour nous sauver. Votre Argus est endormi ; les satellites sont occupés ailleurs, et la fidélité de mon valet, que j'ai chargé de vous conduire, sous mon nom, chez vos parens : tout nous favorise, tout vous annonce votre liberté. Venez donc prendre, avec moi, dans ce cabinet, de quoi tromper encore plus sûrement les yeux de vos sur-veillans.

Angélique vit bien qu'il était question d'un déguisement ; la délicatesse de sa conscience lui fit naître sur cela quelques scrupules. Que cette crainte, lui dis-je, vertueuse Angélique, ne vous arrête point ; il est permis de fuir ses persécuteurs, sous quelque forme que ce soit, et les plus grands saints nous en ont donné eux-mêmes l'exemple. La seule appréhension que vous devez avoir, c'est de trop résister aux ordres de la Providence, qui vous offre cette voie pour vous sauver, et qui vous reprocherait sans doute un jour de n'en avoir pas fait usage. Elle se rendit à ces raisons, et nous passâmes ensemble dans un cabinet qui était proche. Là, je pris sa robe, sa guimpe, son voile, et lui laissai mes habits. Pendant qu'elle était occupée à s'en revêtir, je revins auprès de Vulpès, dont l'ivresse me donna le temps d'écrire un mot de lettre à Don Francescos, pour lui recommander notre chère parente. Je ne pouvais remettre ses intérêts en meilleures mains, ni charger ce vénérable vieillard d'une commission plus agréable; en effet, les persécutions qu'il avait lui-même essuyées dans ses missions, lui avaient rendues si précieuses toutes les personnes qui souffraient pour Dieu et pour la justice, qu'il se serait sacrifié pour elles.

Je n'avais pas achevé ma lettre, qu'Angélique rentra : mes habits l'avaient tellement déguisée, que si je n'eusse été prévenu, je l'aurais prise pour un autre moi-même. Les siens avaient fait sur moi à peu-près le même effet : un air de jeunesse, un teint frais, un visage assez régulier, un menton incapable de me trahir (car je n'avais point encore de barbe); tout concourait à tromper nos surveillans.

Je lui donnai donc ma lettre; ensuite l'ayant exhortée à payer de hardiesse, je la conduisis des yeux jusque dans la cour, dont nous n'étions pas fort éloignés. J'eus la consolation de la voir passer au milieu des sbires, sans qu'aucun d'eux la reconnût; mais, m'étant approché de la fenêtre qui donnait sur le grand chemin, j'entendis un moment après passer nos deux cavaliers, qui allaient grand train. Les voyant hors de danger, je ne pensai plus qu'à me tirer de celui où je m'étais mis pour sauver Angélique. Mon premier dessein était de l'aller joindre et de l'escorter jusqu'à Lisbonne; j'allais reprendre d'autres habits dans ma valise, lorsque le hasard voulut que Don Vulpès se réveilla de son assoupissement. Etonné de ne me plus voir (quoique je fusse devant lui), il m'appela plusieurs fois ; mais je me gardai bien de répondre. Un des sbires, étant accouru à sa voix, lui dit que je venais de partir. Il faut donc, reprit Vulpès, qu'il ait des affaires bien pressées, pour s'en être ainsi allé au milieu de la nuit, et sans me dire adieu. Quoi qu'il en soit, je vais me coucher : ayez l'œil sur votre prisonnière, et qu'on se tienne prêt pour demain de grand matin. Il ne se fut pas plutôt retiré, que les sbires m'enfermèrent à double tour, pour aller passer le reste de la nuit à boire avec leurs camarades.

Ce contre-temps dérangea toutes mes idées, et me jeta dans un nouvel embarras ; je crus m'en tirer en m'échappant par la fenêtre , qui, comme je l'ai dit, donnait sur le grand chemin ; mais malheureusement elle se trouva grillée. Je sentis alors toutes les conséquences de la démarche que la charité m'avait fait faire ; je n'éprouvais néanmoins aucun de ces reproches que nous fait ordinairement notre conscience, lorsque l'étourderie , ou quelque motif criminel , nous fait faire une mauvaise action. Quelque grand que fût le péril , je ne me repentis point d'avoir sauvé Angélique ; je ne m'abandonnai donc ni à la tristesse de mes réflexions , ni à des plaintes qui auraient été inutiles ; mais je résolus d'en passer par tout ce qu'il plairait à Dieu d'en ordonner. Je me couchai dans ces dispositions , et dormis assez tranquillement jusqu'au lendemain , que mes gardes me vinrent éveiller pour partir. Nous montâmes tous à cheval , et nous arrivâmes sur les neuf heures du matin à un mille de Lisbonne.

Il me serait difficile de rendre ici un compte exact des pensées qui m'occupèrent sur la route, tant elles furent différentes. Tantôt je riais sous mon voile de la crédulité des sbires et du commissaire. Je ne pouvais tenir surtout contre la lourde méprise qu'ils allaient faire en renfermant un jeune cavalier dans un couvent de nones. Pour prévenir cet inconvénient , je fus tenté plus d'une fois d'en avertir Don Vulpès , afin qu'il ne poussât pas les choses plus loin ; mais, comme sa probité m'était plus que suspecte, je me gardai bien de lui faire un si dangereux aveu ; heureusement pour lui, et plus encore pour moi, j'avais un frein bien capable de me retenir contre les tentations que me pouvait donner la beauté des religieuses avec lesquelles on m'allait enfermer : c'était la crainte de l'inquisition, qui ne m'aurait fait aucune grâce, si elle avait conçu le moindre soupçon sur mon sexe. Une pareille crainte rend bien sage : le résultat de toutes mes réflexions fut de m'abandonner à la Providence, persuadé qu'elle susciterait des moyens pour me délivrer, comme elle s'était servie de moi pour tirer Angélique des mains de ses persécuteurs.

CHAPITRE XII.

Un homme dans un couvent de Religieuses.

Nous n'étions, comme je l'ai dit, qu'à un mille de Lisbonne, et je crus que nous allions nous y rendre dans le même ordre que nous avions tenu depuis Sylveyra ; mais le commissaire nous fit arrêter quelques momens pour envoyer chercher une litière, dans laquelle il me fit monter : il renvoya tous les sbires, dont douze seulement nous servirent d'escorte. Nous arrivâmes ainsi à Lisbonne, et bientôt au couvent qui devait me servir de retraite. Don Vulpès, après avoir présenté l'ordre du grand-inquisiteur, me remit entre les mains de l'abbesse, qui renferma, comme on dit, le loup dans la bergerie. Dès que mon guide se fut retiré, elle n'eut rien de plus pressé que de me lire l'ordre terrible qu'on venait de lui remettre : il portait que je serais enfermée dans la prison du monastère, que mes repas se composeraient de pain et d'eau, et seraient précédés de deux disciplines. Je me crus perdu lorsque j'entendis lire ce dernier article : on en conçoit assez la raison. Je me jetai aux pieds de l'abbesse, que j'arrosai de mes larmes ; alors, donnant à ma voix un accent féminin, que j'affectai tant que je fus

dans ce religieux séjour, je la con-
jurai par tout ce que je pouvais
imaginer de plus tendre et de plus
touchant, de vouloir bien supprimer les disciplines.

Heureusement pour moi, cette
abbesse, qui n'avait guère plus de
vingt-cinq ans, n'était point de
ces femmes impérieuses, qui, pour
faire sentir le poids de leur autorité, enchérissent bien souvent sur
les ordres qu'elles reçoivent ; celle-ci compatit à ma situation : elle
me fit espérer un traitement plus
doux, pourvu que je promisse de
lui être docile, aussi bien qu'au
grand-inquisiteur ! Je lui aurais
promis l'impossible, tant j'avais
d'envie de me tirer promptement
du labyrinte où je m'étais mis. Je
lui peignis donc mon repentir et

ma soumission à ses volontés d'une manière si pathétique, qu'elle en fut attendrie ; peut-être était-ce moins l'effet de mon éloquence et de mes larmes, que l'effet d'une certaine sympathie que je lui crus voir pour moi. Je n'en doutai plus, lorsqu'ayant levé les yeux pour la regarder, je la vis elle-même répandre des pleurs. Chose étrange ! la nature, malgré mon déguisement, avait encore la force de se faire entendre et de parler en ma faveur ! Chère Angélique, me dit-elle en m'embrassant tendrement, il faut qu'on vous ait étrangement calomniée auprès de sa Révérence, pour qu'elle ait donné contre vous un ordre si terrible ; je ne puis cependant croire que vous soyez si criminelle : votre physionomie, vos discours, qui me paraissent sincères, et plus encore que tout cela, certains sentimens que votre personne m'inspire, tout concourt à vous justifier déjà dans mon esprit ; aussi ne vous regardai - je plus comme une rebelle, ni comme une hérétique, mais comme une personne injustement opprimée, dont je prétends adoucir la captivité. Pour vous en donner des preuves, je commence par vous déclarer que vous n'aurez point d'autre prison que mon appartement, ni d'autre geolière que moi. A l'égard des poursuites de l'inquisiteur, vous n'en avez rien à craindre ; il est parti , et ne sera pas de retour de long-temps : il a bien d'autres affaires à terminer auparavant de revenir ici. En attendant, demeurez tranquille, et goûtez avec moi les douceurs de la vie abbatiale. Vous devez encore moins craindre le caquet de mes religieuses, dont aucune ne sait comment, ni pour quel sujet vous êtes venue ici. Pour écarter même les soupçons qu'elles pourraient avoir sur cela, je veux vous faire passer pour une de mes sœurs : elles ne seront point alors surprises de notre familiarité; vous aurez ma table, et je me flatte que vous n'en serez pas mécontente.

Tant de bontés, et si peu attendues, me firent passer de la tristesse à un excès de joie qui pensa me trahir. Je fus sur le point de sauter au cou de l'abbesse pour lui témoigner ma reconnaissance ; mais la réflexion m'étant aussitôt venue, je me contentai de lui prendre la main, que je baisai mille et mille fois. Elle me parut sensible à cette marque d'affection, que je ne discontinuai que parce qu'on vint l'avertir qu'on avait servi. Nous passâmes donc ensemble dans le palais abbatial, où elle me fit mettre à table près des deux plus aimables et des deux plus belles femmes qu'on pût voir : c'étaient deux religieuses de la communauté, que l'abbesse en avait tirées pour en faire ses compagnes et ses dames d'honneur. J'eus besoin, pour n'être pas sensible à tant de charmes, de rappeler toute ma vertu, qui se trouvait heureusement encore fortifiée par la crainte du grand-inquisiteur ; je portai donc tous mes regards sur la table, qui était servie avec autant de propreté que de délicatesse : on y voyait, dans de grands bassins d'argent, tout ce que la terre et la mer produisent de plus friand, et deux sœurs converses nous servaient un vin qui était du vrai nectar. Je reconnus alors que les bonnes œuvres ne sont jamais perdues, et que Dieu nous en donne quelquefois la récompense ici-bas. Je le remerciai de celle qu'il me donnait, au lieu des châtimens auxquels je devais naturellement m'attendre.

Cependant, comme l'abbesse m'avait annoncé sous le nom de sa sœur, il me fallut essuyer l'après-dînée les complimens de toute la communauté, qui me vint rendre encore ses civilités. Je soutins parfaitement bien ce personnage, qui

me procura le plaisir de passer toutes les religieuses en revue.
Quelle tentation pour un jeune
homme ! Il n'y eut pas jusqu'aux
pensionnaires, qui demandaient
aussi la permission de me venir
saluer ; mais, craignant qu'il ne
s'en trouvât quelqu'une qui me reconnût, je n'en voulus point courir
les risques ; je me contentai de leur
promettre ma protection, par l'entremise de leur maîtresse, qui vint
m'assurer de leurs respects.

Ce petit train de vie, et surtout
la compagnie de la jeune abbesse,
me plaisait assez ; comme elle avait
autant d'esprit que de beauté, je
trouvais beaucoup d'agrément dans
sa conversation, et je remarquais
que la mienne ne lui était pas in-
différente. Cependant, comme elle

était plus souvent à la grille que dans son appartement, j'avais des momens dans la journée où je m'ennuyais : on s'en aperçut, et pour y remédier, on m'apporta de quoi m'occuper ; c'étaient des paniers à ouvrage, dans lesquels je trouvai des navettes pour faire des nœuds, des canevas ; des laines, des soies pour broder ; des découpures et d'autres bagatelles de cette nature. Je ne pus m'empêcher de rire en voyant tous ces colifichets. Une des compagnes de l'abbesse, voyant que je n'en faisais aucun usage, s'offrit obligeamment de m'apprendre à travailler ; mais je l'en remerciai, en lui disant que ce n'était pas la peine, pour le peu de temps que j'avais à demeurer avec elles.

Ma réponse leur fit conclure que

je ne me plaisais point dans le couvent. Ce n'est point qu'elles ne
fissent tous leurs efforts pour m'en
rendre le séjour agréable ; mais
quelques plaisirs qu'elles s'effor-
çassent de me procurer, la crainte
que j'avais du grand-inquisiteur les
empoisonnait tous. Je ne voyais
aucune apparence de m'évader,
tant que je serais gardé, pour ainsi
dire, à vue, par l'abbesse et ses deux
compagnes : c'était cependant le
point où je voulais en venir. Pour y
réussir, je me hasardai de lui demander un jour la permission de
voir les religieuses de sa communauté. J'y consentirai, me dit-elle,
pourvu que vous me promettiez
que vous vous conduirez avec dis-
crétion, et que vous reviendrez
toujours à moi ; ce n'est pas que je

sois jalouse des amitiés que vous pourriez leur faire ; mais toutes mes religieuses n'ont pas un cœur aussi sensible et aussi sincère que le mien. Si vous vous confiez trop à elles, bientôt elles chercheraient à vous perdre, uniquement pour me chagriner ; car c'est une règle qu'elles se sont faites : aussi, en revanche, je vous avoue que je ne manque aucune occasion de leur rendre la pareille.

Je reconnus bientôt la vérité de ce que disait l'abbesse. Dès que je parus dans la communauté, je m'aperçus qu'on murmurait beaucoup de ce qu'elle s'était, pour ainsi dire, approprié ma personne. Chaque religieuse s'exprimait assez franchement, et toutes en général regardaient cette action comme une marque de mépris pour la communauté, dont il fallait tirer vengeance. L'orage commençait à se former contre moi. Je parus à temps pour le dissiper ; mais ce ne fut pas sans peine. Je ne pouvais guère favoriser un parti sans indisposer l'autre contre moi, et j'avais besoin de les ménager tous les deux jusqu'à ce que j'eusse trouvé le moyen de m'échapper. La situation était embarrassante ; toutefois, comme j'étais sûr du bon cœur de l'abbesse, je crus qu'elle ne trouverait point mauvais que je travaillasse à la remettre bien avec ses religieuses.

Dans cette charitable intention, je rendis à chacune sa visite, et m'attachai surtout à celles qui lui en voulaient davantage. Les ennemies de l'abbesse étaient en grand nombre : m'étant informé des sujets de mécontentement qu'elles pouvaient avoir, j'appris, au grand scandale de la religion, que cette animosité contre l'abbesse ne venait que de ce que cette supérieure avait mis un terme à certaines galanteries, qui avaient donné à l'abbaye une assez mauvaise réputation dans le monde. Les religieuses, pour se justifier, prétendaient qu'elles n'avaient fait que suivre en cela l'exemple que l'abbesse leur donnait encore tous les jours. Elles auraient parlé bien autrement, si elles m'eussent connu pour ce que j'étais ; enfin, elles soutenaient que quand on voulait réformer un couvent, il fallait commencer par se réformer soi-même, ou bien que

si l'on continuait de se mal conduire, on devait alors laisser faire
les autres. L'alternative était assez
juste ; mais tout ce qui porte la
crosse s'imagine être en droit de
commander tout ce qu'il veut, et
de faire ce qui lui plaît. L'abbesse
agissait en conséquence, et c'est ce
qui lui avait attiré l'inimitié de
toutes les religieuses.

Ce qui pouvait l'en consoler,
c'est qu'elles ne s'aimaient pas plus
les unes que les autres ; au contraire, cette haine générale, qu'elles lui portaient, faisait naître
souvent parmi elles des inimitiés
particulières. Comme l'esprit féminin est naturellement inconstant,
il arrivait souvent que quelques-
unes se raccommodaient avec l'abbesse, et c'en était assez pour se

brouiller avec toutes les autres.
L'esprit de galanterie qui régnait
encore dans cette maison, malgré
la réforme qu'on s'efforçait d'y
apporter, les divisait encore plus
entre elles. Les visites que quelques cavaliers rendaient fréquem-
ment aux plus aimables et aux plus
belles, excitaient la jalousie des
autres. De là, les caquets, les rail-
leries piquantes, les reproches,
les injures, les querelles ; enfin,
toutes les faiblesses dont les femmes
jalouses sont capables. Il n'y avait
pas jusqu'aux vieilles qui ne pouvaient se souffrir les unes, les autres. J'en ai vu se déguimper dans
les conversations, au sujet de leurs
anciens attraits, et se disputer au
sujet de leurs conquêtes passées :
d'autres, plus sages et plus modes-

tes, en apparence, prenaient tellement feu, lorsqu'il s'agissait de
leurs directeurs, qu'on était obligé
de les séparer pour les empêcher
d'en venir à de plus fâcheuses
extrémités. Enfin, le désordre était
si grand dans cette maison, que, de
cent cinquante religieuses, il n'y
en avait pas six qui vécussent en
bonne intelligence : ce qu'il y a de
plus étrange, et ce que j'appris de
plusieurs, qui avaient passé presque toute leur vie dans différentes
communautés, c'est qu'on menait
dans tous les couvens à-peu-près
la même vie.

LIVRE QUATRIÈME

CHAPITRE PREMIER.

Les dangers que court Raphaël augmentent encore.

L'EMBARRAS que j'éprouvais au milieu de ce troupeau de religieuses, croissait chaque jour, et renouvelait en moi le désir de m'échapper de cette maison. Aucun moyen d'en sortir ne se présentait à mon imagination ; et nul doute que j'y fusse resté long-temps encore, sans un hasard assez singulier, qui m'ouvrit les portes de ma prison.

L'abbesse avait coutume d'aller,
tous les printemps, prendre l'air et
les eaux à la campagne. Un embon-
point charmant, une fraîcheur
délicieuse, un teint de lis et de
roses ne l'empêchaient pas d'avoir
deux médecins à l'année, dont
l'un lui ordonnait de se dispenser
de l'office et de l'observation de la
règle, tandis que l'autre lui prescri-
vait de changer d'air, et lui donnait
le privilége de courir les champs
régulièrement deux fois par an.

L'époque de sa caravanne d'au-
tomne approchait, et l'abbesse
n'attendait que le beau temps pour
se mettre en campagne, lorsqu'une
maladie véritable, survenue à la
religieuse qui l'accompagnait ordinairement dans ses courses, lui fit
jeter les yeux sur moi pour la rem-

placer. Cette préférence me valut l'inimitié des autres religieuses, qui avaient vu, dans l'accident arrivé à la sœur Constance, le moyen de faire à sa place le voyage avec l'abbesse : on critiqua l'intimité de notre liaison, on éleva des doutes sur sa pureté, et cependant je n'étais qu'une fille à leurs yeux !........ Qu'auraient dit nos jeunes sœurs, si elles eussent deviné la vérité ?

Je remerciai beaucoup l'abbesse d'avoir jeté les yeux sur moi pour l'accompagner dans cette partie de plaisir ; car c'en était une. Elle fut enchantée de ma reconnaissance, me frappa légèrement sur les joues, et m'engagea à me tenir prête le surlendemain.

Tandis que je me disposais à lui obéir, l'abbesse reçut, de la part

du grand - inquisiteur, un billet
par lequel il lui demandait des
nouvelles de la santé de sa prisonnière, et l'avertissait de me disposer à subir le lendemain le premier interrogatoire. Un coup de
foudre m'aurait moins abattu que
ce maudit billet! L'abbesse s'aperçut de mon trouble, et chercha à
me rassurer. Ne crains rien, me
dit-elle, ma chère Angélique ; je
ne t'ai pas prise sous ma protection pour t'abandonner précisé-
ment dans le temps où elle t'est le
plus nécessaire. Les sentimens que
que m'as inspirés, et que je t'ai fait
assez connaître, par la manière dont
je t'ai traitée, sont de sûrs garans
que mon amitié, comme ma protection, te sont à jamais acquises.
Cesse de te chagriner ; l'interroga-

toire qui te fait tant de peur, n'est que pour la forme, et tu ne dois rien craindre du grand-inquisiteur, d'après toutes les preuves de catholicité que tu m'as données.

Je remerciai l'abbesse de ses bontés, et je la priai de me les continuer ; cependant toutes ses promesses ne me rassuraient que faiblement. J'avais bien d'autres inquiétudes que celles qu'elle me supposait : mon sexe, que je craignais que le grand-inquisiteur ne découvrît, m'embarrassait plus que toutes les hérésies du monde. Je redoutais, comme on pense bien, la présence de ce juge clairvoyant, qui ne pouvait manquer de s'éclairer par les mêmes motifs, qui avaient jusqu'à ce jour trompé

l'abbesse sur la sympathie qui l'at=
tirait vers moi.

L'abbesse s'aperçut que toutes
ses consolations ne produisaient pas
l'effet qu'elle avait lieu d'espérer ;
elle crut enfin devoir me rassurer
par tous les moyens possibles , et
m'avoua qu'une raison majeure
s'opposait à ce que le grand-inquisiteur exerçât contre moi la plus
légère persécution. Malgré votre
esprit , votre pénétration , me dit-
elle , en me caressant de la main,
vous n'êtes guère au fait de ce qui
se passe ici. Ce juge, si redoutable,
si terrible , est de tous mes vieux
soupirans, celui qui me rend le
plus d'hommages ; le fait est si
public que j'avais pensé que mes
religieuses n'auraient pas manqué

de vous en instruire : jugez si ma recommandation a du pouvoir sur lui!

Cette nouvelle, que l'abbesse croyait si consolante, ne fit que redoubler mes alarmes. Je vis que j'aurais affaire à un juge inflexible et à un amoureux jaloux. Cette terrible pensée me fit frémir malgré moi : l'abbesse, dont la bonté était inépuisable, me quitta après m'avoir renouvelé l'assurance de sa protection.

Je rentrai dans ma chambre, livré aux plus singulières idées ; je formai vingt projets différens en moins d'un quart-d'heure sans pouvoir en réaliser aucun. Je voulais fuir; j'en étais empêché par la surveillance rigoureuse qu'on exerçait contre moi. Je voulais tout avouer à la généreuse supérieure, et je redoutais à-la-fois sa surprise et son indignation. Je passai toute la nuit sans pouvoir dormir un seul instant : le jour me surprit dans les mêmes craintes de la veille ; elles redoublèrent lorsqu'une jeune sœur converse vint m'annoncer que la supérieure demandait à me parler.

Je me rendis sur-le-champ chez l'abbesse ; son visage riant était le présage d'une bonne nouvelle : en effet, elle m'annonça que le grand-inquisiteur retardait sa visite de quelques jours ; en même-temps elle me présenta une jeune et jolie personne, que ses parens destinaient à prendre l'habit de religieuse. Je m'aperçus facilement que la jeune fille n'était pour rien dans le projet de sa famille. Ses soupirs étouffés, sa contenance timide, ses regards mêlés de larmes, et toujours dirigés vers le ciel, comme pour l'appeler à son secours, étaient de sûrs garans qu'on ne l'avait point consultée dans le choix de l'état qu'on la forçait d'embrasser. L'abbesse, toujours bonne et compatissante, cherchait autant que possible à adoucir la peine que la jolie portugaise paraissait éprouver. Elle fit à Dona Clarencia la peinture des agrémens que l'on trouvait dans le couvent ; elle lui détailla, avec beaucoup de grâce et d'esprit, la liberté dont on jouissait dans ces saintes prisons; elle parla de l'union qui régnait dans les cloîtres : enfin, elle s'étendit sur le charme de l'amitié tendre et paisible qui,

presque toujours, s'établissait entre des personnes destinées à passer
ensemble leur vie entière. Voici,
dit-elle, en me montrant, une de
nos sœurs qui vous certifiera la
vérité du tableau que je viens de
vous tracer, et dont je vous recom-
mande de cultiver la connaissance.
A ces mots, Clarencia jeta sur moi
un regard qui me remplit d'une
émotion extraordinaire; ses beaux
yeux, noyés de larmes, expri-
maient l'innocente candeur et la
douce résignation. Je cherchai,
mais en vain, à lui exprimer ma
reconnaissance : le saisissement et
le plaisir m'avaient ôté l'usage de la
parole ; je la retrouvai cependant
pour faire l'éloge de notre abbesse,
qui crut ne pouvoir mieux m'en
récompenser qu'en me chargeant

de veiller sur la jeune novice. Je refusai cet emploi; mais l'abbesse, qui ne vit dans ma conduite qu'un excès de modestie, et une nouvelle preuve de mon attachement pour elle, me força de l'accepter, et je fus contraint d'obéir.

Avant de nous séparer, l'abbesse demanda à Clarencia quelques détails sur sa famille. L'aimable fille se hâta de les lui donner, et s'exprima ainsi :

« Je suis née à Badajoz; ma famille y jouissait d'une grande fortune, et d'une haute considération. Ma mère avait été, dans sa jeunesse, l'une des plus belles femmes de la ville, et sa beauté avait subjugué mon père, dont la naissance et la richesse étaient de beaucoup supérieures à celles de sa femme; aussi

l'épousa-t-il en dépit de sa famille,
des avis de ses parens, des conseils
de ses amis, qui lui faisaient considérer cette mésalliance comme une
source inévitable d'humiliations et
de chagrins : il ne voyait le bonheur pour lui que dans la possession d'Eugénie d'Avilar, et il aurait
sacrifié toute sa fortune pour lui
donner son nom. Comme la violence de son amour ne lui permettait pas de le cacher, et qu'il parlait
ouvertement de tous les sacrifi-
ces qu'il ferait pour obtenir son
amante, Léon d'Avilar, frère de
ma mère, crut devoir lui faire
acheter la main de sa sœur. En
conséquence des clauses insérées
au contrat, mon père consentit à
avantager ma mère d'une somme
immense ; à lui reconnaître en ma-

riage cent mille ducats ; à faire à
mon oncle une rente viagère de six
mille ducats, et il déclara en outre
que, dans le cas où, suivant l'ordre
de la nature, il mourait avant sa
femme, il la chargeait de l'admi-
nistration de tous ses biens, sa vie
durant, sous la seule condition
l'abandonner à chacun de ses enfans, à l'époque de leur majorité,
une rente de trois mille ducats, et
de ne disposer que de la moitié des
biens, dont il lui laissait l'adminis-
ration et l'usufruit. De telles con-
cessions prouvaient l'amour de
mon père, et hâtèrent la conclu-
ion de son mariage. Il se fit, au
milieu des fêtes et des réjouissances
de toute la ville : les personnes qui
s'étaient montrées les moins favo-
rables à cette union, se rendirent

cependant au repas et au bal qui le suivit ; et comme elles s'aperçurent que mon père n'était disposé qu'à en faire à sa volonté, elles trouvèrent un biais pour revenir sur leurs premiers sentimens, et faire l'éloge d'un hymen qu'elles avaient si hautement blâmé peu de temps auparavant.

» Les premiers mois de ce mariage se passèrent en fêtes ; et quoi que mon père fût beaucoup plus âgé que son épouse, il ressentai une joie extrême du plaisir qu'ell prenait à ces sortes de divertissemens. La fortune de Don Perald était immense ; elle pouvait san peine fournir à tous les caprices d sa femme. Ma naissance combl tous ses vœux ; il me fit élever avec un soin particulier. Je ne quittai pas la maison paternelle ; une étrangère me nourrissait sous les yeux de ma mère, qui me prit en aversion dès mon enfance. J'avais détruit, ou pour mieux dire, altéré une partie de sa beauté : ce fut un crime irrémissible ; j'en porte encore aujourd'hui la peine.

» Je grandissais, adorée de mon père, mais haïe de ma mère, qui avait cependant la prudence de dérober à son époux toute l'aversion qu'elle me portait. Don Peralda me fit donner une éducation conforme au rang qu'il voulait que je tinsse dans le monde. Douée d'une intelligence heureuse, je profitai merveilleusement des leçons que je recevais ; mes progrès faisaient les délices de mon père. Hélas ! il était le seul qui les vît avec plaisir : il jouissait de mes faibles talens , des succès qu'ils me procuraient dans la société; et déjà son indulgence me présageait l'avenir le plus brillant. Ses prophéties ont été promptement démenties ; après quelques jours de maladie , et au moment où le médecin nous flattait d'une guérison prochaine , mon père fut ravi à ma tendresse. Il expira dans mes bras , après m'avoir donné sa bénédiction , et en me recommandant à Dona Peralda , qu'il chargea de veiller scrupuleusement sur mon bonheur.

Lorsque la douleur de ma mère fut apaisée , sa haine pour moi reprit une nouvelle force. Encore jeune , et ne renonçant pas au mariage , elle me regardait comme un

obstacle à ses projets, et elle m'é-
loigna d'elle aussitôt qu'elle put le
faire sans blesser les convenances.
J'avais alors douze ans, et Dona Peralda entrait dans sa vingt-huitième
année. Maîtresse d'une grande fortune, elle ne tarda pas à recevoir
les hommages d'une cour nombreuse. Parmi les personnages qui
affichaient le désir de lui plaire,
elle distingua le jeune marquis de
Céontas, qui, né d'une famille il-
lustre, mais peu riche, aspirait au
bonheur de recevoir sa main. Ma
mère crut devoir payer d'une partie de ses biens le titre qui composait seul la dot du marquis, et en
l'épousant elle lui abandonna une
partie des avantages qu'elle avait
reçus de mon père.

Je crus, lorsqu'on m'apprit le

nouveau mariage de ma mère., que cette occasion allait me rapprocher d'elle; je me trompais : je lui écrivis plusieurs fois, sans obtenir d'elle une seule réponse. Ennuyée de la multiplicité de mes lettres, elle me fit écrire, par son intendant, que son mariage ne changeait rien à mon sort; que des raisons majeures la forçaient à se séparer encore de moi pendant quelques années; mais qu'elle espérait cependant que nous ne serions pas toujours éloignées l'une de l'autre.

» Cette espérance me fit prendre mon mal en patience. Ma mère, mariée depuis deux ans, n'avait pas eu d'enfans ; les médecins lui avaient même assuré qu'elle n'en aurait plus. Je pensai que cette circonstance était d'un heureux augure pour mon avenir; puisqu'enfin ma mère, ne trouvant point à placer sa tendresse mater-nelle sur d'autre que sur moi, fini-rait par me la rendre entièrement. Je la priai tant de me permettre d'aller l'embrasser., qu'elle m'en accorda la permission : j'eus à peine reçu cette agréable nouvelle, que je m'empressai de me rendre à Lis-bonne. Je ne fus pas peu surprise de l'éclat de notre maison, du luxe et de la profusion qui s'y faisaient remarquer de toute part. J'étais attendue, et mon arrivée produisit une espèce de sensation dans l'hô-tel, où je ne retrouvai pas un seul des domestiques de mon père.

Ma mère fit, en me voyant, une exclamation dont je ne saurais vous peindre la force et la bizarrerie. Je m'avançai vers elle pour me jeter dans ses bras; elle était immobile : elle ne fit aucun mouvement pour me repousser, aucun non plus pour me retenir. Elle reçut mes caresses sans étonnement, sans chagrin, sans plaisir; elle était comme abîmée dans une seule pensée qui paraissait absorber entièrement ses facultés. Quelques-unes des personnes qui étaient présentes me firent beaucoup de complimens; elles vantèrent mes traits, qui, disaient-elles, perpétuaient la beauté de ma mère; mais plusieurs dames et seigneurs, qui paraissaient plus avant dans l'intimité de la marquise, ou qui avaient pénétré le fond de sa pensée, gardèrent le silence, et ne me regardèrent qu'en secouant la tête avec malice.

Mon beau-père entra; c'était un

jeune homme d'une assez belle figure, et dont les manières étaient nobles et distinguées. Il s'avança vers moi, et m'accueillit avec une bonté dont je fus émue au dernier point; il fixa sur moi des regards pleins d'amitié et de bienveillance, me fit une foule de questions, auxquelles je répondis du mieux que je pus. Je ne sais si l'on m'avait peinte à ses yeux comme une idiote; mais il fut surpris et charmé de ma conversation : il me fit asseoir à ses côtés, et s'adressant à la marquise, il la félicita d'avoir une fille comme moi : cet éloge la fit pâlir.

» Je passai quelques jours au sein de ma famille; mon beau-père continuait de me traiter comme sa fille. Il n'est sorte d'égards et d'attention qu'il eût pour moi; son

indulgence s'exerçait sur mes moindres actions, et telle était l'amitié
que je lui avais inspirée, qu'il re-
prochäit à la marquise de m'avoir
si long - temps dérobée à ses regards. La marquise s'excusait de son
mieux, mais elle acquérait chaque jour la preuve du tendre intérêt
que son époux me portait, et chaque
jour elle cherchait de nouveaux
moyens de me cacher à ses yeux.
Vous le dirai-je, enfin, ma mère devint jalouse de sa fille, et le peu d'attraits dont le ciel m'avait pourvue
mit le comble à sa haine pour moi.

« Il y avait parmi les étrangers qui
fréquentaient l'hôtel, un certain
religieux, nommé Don Gabriel,
qui dirigeait la conscience de ma
mère, et ce fut lui qu'elle chargea
d'une mission bien délicate. Il m'a

toujours été impossible de savoir
s'il était de bonne foi dans ses discours, ou si sa conscience était
vendue à la marquise. Cet ecclésiastique me demanda un entretien :
j'en ignorais la cause ; mais la dignité de son caractère suffit pour
m'engager à me rendre sur-le-
champ au-devant de lui. Ce bon
Moine épuisa toutes les fleurs de
rhétorique pour me faire comprendre que ma présence jetait le
trouble dans la maison de ma mère :
il alla jusqu'à me peindre l'attachement de mon beau-père sous les
couleurs les plus odieuses et les
plus criminelles. A l'entendre,
M. de Céontas était peut - être,
sans le savoir, dévoré par une passion coupable ; il déguisait, sous
l'apparence d'un sentiment de ten-

dresse paternelle, toute la violence d'un amour profane. Je l'avoue ; je me laissai prendre au discours du Moine, et je ne pus retenir un mouvement d'horreur et de surprise, qui ne lui échappa point. Vous sentez, me dit-il, combien un plus long séjour dans la maison paternelle deviendrait affligeant pour votre mère et dangereux pour vous. Le marquis est aimable, séduisant même, et l'espèce d'autorité qu'il exerce sur vous lui vaut une certaine familiarité, dont, au premier jour, il est à craindre qu'il n'abuse pour vous perdre. Je suis loin de l'accuser d'une séduction concertée d'avance ; mais lorsqu'une fois le démon s'est emparé de notre âme, il dirige malgré nous toutes nos actions, et rend inutiles les plus

beaux projets de vertu du monde.
Réfléchissez à ce que je viens de
vous dire ; consultez-vous, et demain je viendrai chercher votre
réponse ; elle sera, je n'en doute
pas, conforme à la raison, et aux
principes de sagesse dont votre
mère vous a donné l'exemple. En
disant ces mots, il se retira, me
laissant plongée dans un abattement extrême.

Lorsque je fus seule, je repassai
dans ma mémoire tous les égards,
toutes les attentions dont j'avais été
l'objet pour mon beau-père, et
malgré l'examen le plus scrupu-
leux, je n'aperçus rien dont il eut
à rougir et dont j'eusse à m'effrayer. Sans doute, sa tendresse
pour moi était plus vive que celle
de ma mère ; mais il n'y avait là

rien de bien étonnant. Pendant toute la journée, je m'attachai à lire sur le visage du marquis quels pouvaient être ses sentimens se-crets ; et je l'avoue, il semblait que la pureté de son âme ajoutât à la sérénité de ses traits : il causa plu-sieurs fois avec moi, mais sans empressement, sans affectation ; je remarquai seulement que, chaque fois qu'il m'approchait, sa femme montrait de l'humeur et de l'im-patience. C'en fut assez pour que je cherchasse à éviter des entretiens qui paraissaient l'affliger.

Le lendemain il y eut entre la marquise et son époux une scène assez vive à mon sujet ; ma mère témoigna au marquis le désir qu'elle avait de m'éloigner au plutôt de Lisbonne : elle prétendait que la vie dissipée ne me convenait point, & qu'ayant été presque toujours élevée à la campagne, je n'avais aucune des qualités qui pouvaient faire briller une femme dans le monde. Le marquis eut beau l'assurer qu'elle se trompait en cela, et que jeune, assez heureusement partagée du côté de la fortune, et possédant quelques talens, je me trouvais parfaitement à ma place dans la société, la marquise soutint son avis avec opiniâtreté, et, dans la chaleur de la discussion, elle reprocha à son époux de prendre à sa belle-fille un intérêt qui n'était pas aussi innocent qu'il voulait bien le faire croire.

Ce reproche atterra le marquis; c'était un homme bon, mais faible, qui chérissait la paix par

dessus toutes choses : il devait sa
fortune à sa femme, et jusqu'alors
aucun nuage n'avait troublé une
union qui avait toute l'apparence
du bonheur. Il fut révolté d'un
soupçon aussi odieux ; mais plus il
chercha à le détruire, et plus il
fortifia la jalousie étrange de la
marquise : les éloges qu'il me pro-
digua devinrent des crimes aux
yeux de son épouse ; il ne put les
expier qu'en cessant de s'intéresser
à moi.

J'appris tous ces détails par une
femme-de-chambre de ma mère,
qui me plaignait en intérieurement :
ils me furent confirmés par Don Gabriel, qui eut soin de les accom-
moder à sa manière. On juge combien ma position était cruelle.
Objet d'aversion pour ma mère,

qui, sous le prétexte d'une jalousie ridicule, exerçait contre moi des vexations continuelles; n'osant appeler de ses injustices au marquis, dans la crainte d'exciter de nouvelles scènes, et d'être justement accusée de troubler la paix qui avait régné parmi eux avant mon arrivée; je me taisais et je souffrais en silence. Mais ce n'était point encore assez pour la marquise; elle commença par me défendre de paraître dans les assemblées : dès qu'il y avait la plus petite réunion de plaisir à l'hôtel, j'étais confinée dans ma chambre, avec injonction de ne pas la quitter : lorsqu'elle sortait, elle me laissait chez moi ; et si, par hasard, on lui demandait de mes nouvelles, elle répondait que j'étais d'un caractère difficile, d'une humeur sombre, atrabilaire ; que je fuyais tout le monde, et que j'avais un goût invincible pour la solitude. Son époux, présent à ses mensonges, n'osait la contredire ; il en résulta qu'au bout de quelques mois toutes nos connaissances furent convaincues que c'était de mon plein gré que je ne paraissais plus dans la société. On plaignit ma mère, et l'on m'accusa d'ingratitude et de bizarrerie.

Lorsque la marquise se fut bien assurée que personne ne pouvait pénétrer les secrets motifs de sa conduite, elle fit courir le bruit que je demandais à être religieuse, et elle afficha un chagrin extrême d'une semblable résolution. Mon beau-père lui-même s'imagina que, lasse des mauvais traitemens que j'endurais, j'avais en effet formé le projet de m'ensevelir dans un couvent ; et soit qu'il n'eût point assez de courage pour s'opposer aux désirs de ma mère, ou soit qu'il fût bien aise de trouver cette occasion de rétablir la paix, le marquis donna son consentement à tout ; et pour se dérober aux prières et aux importunités, il partit pour sa campagne, laissant la marquise libre de faire tout ce que bon lui semblerait.

Ce fut le moine Gabriel qui m'annonça cette nouvelle perfidie de la marquise. Mademoiselle, me dit-il en m'abordant, recevez mes félicitations ; le ciel a daigné vous éclairer sur le seul parti qui vous restait à prendre, et je ne puis que vous applaudir du louable dessein

que vous vous proposez d'exécuter.
— Quel dessein, répondis-je tout
étonnée?—Ne cherchez point à me
faire prendre le change, répliqua
le Religieux ; je sais fort bien que,
dégoûtée de la vie mondaine, vous
avez projeté de consacrer votre
existence à Dieu. — Moi, mon
père ! — Vous - même ; point de
modestie déplacée : votre projet
est connu de toute la ville, qui
admire une si noble et si généreuse
résignation. Ma surprise fut au
comble. Quoi ! dis-je au Moine !
on a eu l'indignité de me prêter une
semblable résolution ; on veut me
contraindre à renoncer à la société, et à m'enterrer toute vive
dans un couvent. Là-dessus, mes
larmes coulèrent en abondance ;
mais elles touchèrent peu le reli-

gieux, qui me fit sentir que, dans la position où je me trouvais, il m'était impossible d'opposer la moindre résistance aux volontés de ma mère. Il mêla si adroitement ensemble les préceptes de la religion et la puissance des parens ; il m'obséda de tant de prières, de sophismes et de raisonnemens, que ses longues visites, et les mauvais traitemens auxquels j'étais en butte, me décidèrent à entrer dans un monastère. Je désignai le votre, Madame, ajouta Clarencia, en se tournant vers l'abbesse, comme un de ceux qui sont le plus en odeur de sainteté dans la ville, et j'eus beaucoup de peine à obtenir d'y être placée, attendu que la réputation de modération et d'indulgence que vous vous êtes faite dans

le monde, laissait présumer à ma
mère que vous ne vous prêteriez pas
aussi facilement qu'elle le désire,
à tous ses projets contre sa malheureuse fille. L'abbesse, flattée de
cet éloge, prit Clarencia dans ses
bras, et la baisant au front. « Ma
chère enfant, lui dit-elle, c'est
moi qui suis maintenant votre mère;
comptez sur toute ma tendresse
pour vous rendre au monde que
vous paraissez regretter, ou pour
vous rendre ce séjour le plus agréable qu'il me sera possible. »

CHAPITRE III.

*Amours du Grand-Inquisiteur. —
Raphaël est forcé de se découvrir à l'Abbesse.*

L'ARRIVÉE de Clarencia retarda le voyage que l'abbesse devait faire; il fut remis à la semaine suivante, c'est-à-dire après la visite du grand-inquisiteur. Je ne sais pourquoi; mais cette visite et le danger que j'y devais courir étaient tout-à-fait sortis de ma pensée; je n'étais occupé qu'à consoler la jeune Clarencia, dont chaque jour m'apprenait à apprécier de plus en plus la douceur, l'esprit et le caractère. Sa beauté m'avait frappé, ses talens m'avaient séduit : il est impossible de se faire une idée de la candeur de son sourire, de l'expression de ses yeux, de l'élégance de sa taille, de la blancheur de son teint et de la grâce infinie répandue dans toute sa personne. Elle pinçait admirablement la harpe, dessinait comme un ange, et composait des vers et de la musique en perfection. Elle faisait l'étonnement et l'admiration du couvent, qui ne se lassait ni de la voir ni de l'entendre. L'abbesse en raffollait, et je lui dois cependant cette justice, que, malgré tout le plaisir qu'elle ressentait de sa possession, elle n'employa aucune ruse, aucun manége pour la décider à prendre le voile.

Clarencia me distinguait entre toutes ses compagnes, et cette amitié si vive et si pure, dont j'étais l'objet, avait fait naître en moi l'amour le plus tendre. Ce sentiment si doux s'était emparé de toutes les facultés de mon âme ; mais plus il me maîtrisait, plus je m'efforçais de le cacher. Je tremblais qu'une circonstance imprévue ne vînt tout découvrir ; et Dieu sait quel eût été alors le sort qu'on m'eût fait subir ! Il y avait cependant des momens où je me persuadais qu'en avouant tout à l'abbesse, je trouverais en elle l'indulgence et les conseils dont j'avais si grand besoin. Je n'aurais pas balancé à avoir recours à ce moyen, si l'ab-

besse eût été l'objet de ma passion ;
mais comment avouer à une jolie
femme qu'on en aime une autre !
comment faire un pareil outrage à
ses attraits ! je ne m'en sentais pas
le courage, et peut-être ne l'aurais-je jamais osé, sans un hasard
singulier qui me força, malgré
moi, à encourir tous les dangers
d'une semblable confidence.

On doit se rappeler que l'abbesse avait tout entrepris pour me
rassurer sur les suites de la visite
du grand-inquisiteur, et que je n'en
conservais pas moins des inquiétudes très-vives à cet égard : j'aurais tenté tous les moyens possibles
de fuir du couvent ; mais y laisser
Clarencia, était au-dessus de mes
forces, et l'amour que je ressentais pour elle l'emportait sur les

craintes que m'inspirait le grand-inquisiteur.

Il arriva enfin, cet homme si redoutable; l'abbesse, qui le reçut, m'avait placé auprès d'elle, afin de me protéger plus efficacement, dans le cas où il aurait cherché à exercer contre moi les persécutions d'usage. Je ne sais comment cela se fit, mais mon aspect changea tout-à-fait ses résolutions, et au lieu d'un juge implacable, qui m'était promis, je ne trouvai plus qu'un ecclésiastique indulgent, qui ne parla de mes erreurs passées que pour les excuser, et qui, en me passant la main dévotement sous le menton, me recommanda à l'amitié de l'abbesse. Elle était, ainsi que moi, surprise d'une pareille conduite. La jeune d'Avilar fut présentée à l'inquisiteur ; mait tout occupé de moi, il ne fit presque aucune attention à Clarencia. On servit une superbe collation dans l'appartement de l'abbesse ; quelques sœurs, deux mères et une demi-douzaine de pensionnaires y furent invitées. Le grand-inquisiteur se plaça entre l'abbesse et moi ; et lorsqu'après le café, il annonça son départ, il s'approcha de moi pour me prier de lui accorder un entretien pour le lendemain. Cette demande me rendit toutes mes inquiétudes ; cependant, comme il y y avait encore plus de danger à refuser, je consentis à recevoir sa grandeur : il m'en remercia par un serrement de main qui me prouva qu'il avait conservé quelque chose de la vigueur de sa jeunesse.

Ainsi finit cette visite redoutable. L'abbesse, qui ignorait la
demande du rendez-vous, ne cessait de s'extasier sur l'influence
qu'elle avait toujours conservée
dans l'esprit du grand-inquisiteur ;
et cette assurance d'un crédit qui
commençait à baisser, valut à tout
le monde une exemption des dévo-
tions ordinaires de la journée. Je
prends tout sur moi, disait notre
supérieure.

La surprise de l'abbesse fut
grande lorsque, le lendemain, on
annonça une seconde visite de l'inquisiteur : elle redoubla lorsqu'on
lui apprit qu'il demandait à me
voir. Ce fut à son tour d'être in-
quiète ; mais le danger qu'elle
redoutait était loin de moi. Qui le
croirait ! parmi un essaim de reli-

gieuses, dont quelques-unes surtout étaient fort jolies, le malheureux inquisiteur n'avait vu que moi seul : j'avais frappé ses regards, et c'était pour m'instruire du tendre intérêt qu'il me portait, que Sa Révérence m'avait prié de lui accorder une entrevue.

Malgré l'amitié de l'abbesse pour moi, elle fut blessée de la visite de l'inquisiteur, et, dans son dépit, elle alla confier à Clarencia le chagrin qu'elle en ressentait. Le grand-inquisiteur ne fut pas long-temps près de moi; il me fit une foule de protestations d'amitié : il m'annonça que j'étais libre comme les autres religieuses, qu'il avait écrit à mes évêques, qu'il m'avait trouvée docile aux vrais dogmes de la religion, et que

depuis mon arrivée j'édifiais tout
le monde par ma vertu, par ma
piété : ce qu'il attribuait, disait-il,
aux sages exhortations de notre
supérieure, et à l'éloquence chrétienne que le ciel avait bien voulu
lui accorder pour éclairer le pé-
cheur et le remettre dans la voie
du salut.

Le sermon de Sa Révérence était
accompagné de gestes qui me faisaient frissonner : tantôt sa main
soulevait légèrement la croix suspendue sur ma poitrine, ou bien
elle jouait avec les plis de mon
voile; tantôt ses doigts glissaient le
long de mes joues, ou se prome-
naient lentement sur le chapelet
qui pendait à mes côtés. Ses regards
n'étaient pas plus rassurans ; ils
parcouraient toute ma personne

avec une rapidité effrayante ; ils semblaient interroger mes plus se- crettes pensées, ou me demander un sacrifice dont je ne devais pas connaître la valeur. Enfin, au bout de quelques temps, le grand-in- quisiteur se leva, et mon âme fut soulagée d'un poids énorme. Il me renouvella la promesse de s'inté- resser à moi, me baisa au front trois fois de suite, et me quitta pour passer dans l'appartement de l'abbesse, à laquelle, me dit-il, il allait raconter notre entrevue, afin qu'elle ne vînt pas m'accabler de questions indiscrètes. Je pense bien que Sa Révérence eut la précau- tion de ne pas tout dire.

Tandis qu'il était enfermé avec notre supérieure, Clarencia vint frapper à ma porte : je n'étais pas

encore remis de l'émotion que m'a-
vait causée la présence de l'inquisiteur. Si vous saviez, me dit-elle,
combien de chagrin vous avez
donné ce matin à notre pauvre abbesse, vous en seriez bien affligée ;
la visite que vous avez reçue l'a
tourmentée au-delà de toute expression, et j'ai profité du premier
moment que vous étiez libre pour
vous en prévenir, afin que vous
veniez la consoler !..... Elle vous
aime tant !..... c'est en vérité la
seule dont je sois jalouse !—Vous,
jalouse, répliquai-je ! vous, Clarencia ! Croyez qu'il n'y a dans ce couvent personne qui ne puisse l'em-
porter sur vous. — Vous me le
dites bien souvent ; j'ai du plaisir
à vous entendre, et je n'ose croire
que vous me donniez une si douce

préférence. Notre abbesse est si
bonne ; elle a tant d'égards, d'amitié pour vous, que je suis sûre
qu'au fond du cœur.... —Je la res-
pecte, mais je vous aime, et de
toute mon âme : il n'est aucun sacrifice que je ne fisse pour vous le
prouver !..... — Comme elle dit
cela !...—Mon plus grand désir est
de passer ma vie auprès de vous !
— Ne le répétez pas ; je me ferais
religieuse demain.—Quoi ! —J'é-
prouve auprès de vous un sentiment dont le charme m'était in-
connu ; quand je songe qu'il faudra
peut-être nous séparer, je pleure
comme un enfant..... Et tenez,
dit-elle, en me prenant la main,
voyez comme mon cœur bat encore, au souvenir des craintes que
l'abbesse m'avait fait partager ce

matin. J'appuyais doucement ma main brûlante sur ce cœur innocent, dont les palpitations annonçaient le trouble et l'agitation !.... Ah! ma chère Angélique, me dit Clarencia, vous me ferez bien du chagrin quand vous voudrez ; vous avez sur toutes mes pensées un empire dont je ne puis deviner la cause. Je ressens à vous voir un plaisir qui ne ressemble à aucun autre : le son de votre voix, l'expression de vos regards, un mot, un geste, un signe de vous, me causent une joie extrême ou un mal affreux. Ah! si vous pouviez lire dans mon âme, si vous pouviez connaître toutes les idées singulières qui se sont logées dans ma pauvre tête ; tous les souhaits extravagans que j'ai osé former.....

Vous n'ignorez pas que c'est malgré moi que je suis entrée dans ce monastère. — Eh bien ! — Je n'oserai jamais vous dire que j'ai regretté de ne vous avoir pas rencontrée sous d'autres habits dans le monde. Ah ! si le ciel vous eût donné un frère !..... Ce mot, qui me découvrit toute la force de l'attachement de Clarencia, pensa me faire tomber à ses genoux. Cet aveu si franc, si doux, avait tellement bouleversé mes facultés, enivré mon cœur, que, sans calculer les suites que pouvait avoir mon imprudence, j'ouvris la bouche pour tout révéler à Clarencia.... Heureusement une sœur converse vint me prier de passer dans l'appartement de notre supérieure.

Je la trouvai seule ; son accueil

fut froid et sévère. Je vous félicite,
ma chère Angélique, me dit - elle
d'un ton passablement caustique,
du bonheur que vous avez eu de
plaire au Grand-Inquisiteur. La séduction que vous avez employée
vous a mieux réussi que mes promesses, et désormais vous pouvez
être tranquille. Vos attraits vous
ont gagné un protecteur puissant,
et m'ont enlevé un adorateur!....
— Ah!.. Madame, m'écriai - je en
cherchant à l'interrompre, comment avez-vous pu penser que je
voulusse vous priver de l'appui du
Grand-Inquisiteur? Si vous me con-
naissiez mieux, vous verriez combien une pareille intention est loin
de ma pensée!..... Moi! j'aurais le
dessein d'affliger celle dont j'ai reçu
tant de marques de bonté; qui,

depuis mon séjour en ces lieux,
n'a cessé de me prodiguer les marques les plus touchantes de son
affection, de son amitié ! vous ne
pouvez me croire coupable d'une
pareille ingratitude. — La coquetterie ne cesse jamais d'être l'âme
de notre sexe ! — De notre sexe
— Oui, et vous avez cru devoir
saisir avec empressement cette occasion de remporter sur moi un
triomphe d'autant plus flatteur,
qu'il était inattendu. — Madame,
de grâce, cessez de m'accabler de
reproches injustes ! — Injustes !
quand Sa Révérence, en me rendant
compte de votre entrevue, vous a
peinte à moi sous les couleurs les
plus brillantes; quand l'Inquisiteur
m'a confié que vous avez paru l'é-
couter avec plaisir, avec intérêt,

et ne m'a point laissé ignorer tout ce que vôtre conduite à son égard lui permettait d'espérer. — D'espérer?... moi? ....—Oui, Mademoiselle, vous même : vous pensez que l'Inquisiteur n'a pas manqué de me faire cet aveu avec une sorte d'amour-propre et d'orgueil ; il a cru que je serais piquée de la préférence qu'il vous accorde, et son intention a été de me forcer à comparer votre complaisante coquetterie avec ma sagesse, et ce qu'il appelle ma pruderie ! — Ah ! Madame, je pourrais d'un mot vous désabuser ; je n'ai donné d'espérance à personne ! — Vous niez ! Oui, Madame. — Vous ajoutez l'effronterie...— Ah ! de grâce, ne me jugez pas sans m'entendre. — Comment vous justifier ? — Je ne suis point coupable. —-Vous n'êtes point coupable ! — C'est-à-dire, je suis innocente du crime dont vous m'accusez. — C'est impossible ! — Je vous le jure. — Prouvez-le donc ! — Vous le voulez ?.... — Je l'exige. — Apprenez que je né suis ni Angélique, ni religieuse. — Quoi ! — Mais, au nom du ciel, gardez-moi le secret sur un aveu d'où dépend toute mon existence. — Achevez. — Le hasard m'ayant fait rencontrer cette malheureuse victime de la haine épiscopale, j'ai tout employé pour la sauver. Revêtue de mes habits, Angélique a traversé le royaume de Portugal ; et, sous les siens, je suis entré dans ce couvent.... —Ainsi vous êtes ?... — Un homme, dis-je en baissant les yeux ! — Un homme ! répéta

l'abbesse en se reculant avec effroi ! — Hélas ! oui. .. répondis-je
en me jetant à ses genoux, et en
m'emparant d'une de ses mains,
que je couvris de baisers ..... Cet
hélas, que j'avais prononcé si piteu-
sement, et surtout la confiance que
je lui témoignais, rendirent à l'abbesse toute sa bonne humeur !....
Vous êtes un homme ! s'écria-t-elle
en riant; l'aventure est singulière,
et le pauvre Inquisiteur sera bien
attrapé lorsqu'il saura qu'il m'abandonne pour..... — Ah ! Madame,
interrompis-je, ne me perdez pas !
—Mais, c'est qu'on s'y tromperait
dix fois pour une !.... Un homme
dans mon couvent !..... C'est un
tour !.... Comment vous nomme-
t-on ? — Raphaël ! — Eh bien,
monsieur Raphaël, j'ai quelques

droits de compter sur votre discré
tion : vous m'avez compromise au
dernier point ; j'espère que vous
ferez en sorte qu'un pareil secret
ne sorte pas du couvent ! — Je vous
donne ma parole, Madame, qu'on
m'arracherait plutôt la vie. — C'est
qu'il est charmant... Les plus beaux
yeux !..... les dents magnifiques !
un air de candeur !.... Toute réflexion faite, c'est un meurtre que
vous ne soyez pas religieuse. Et,
moi, qui l'avais pris sous ma protection ; qui lui avais accordé ma
confiance, mon amitié....—Je ne les
trahirai jamais.—Moi qui le charge
de veiller sur une de mes plus jolies novices....—Croyez, Madame,
que je ne me suis point écarté des
lois de l'honneur. Clarencia ignore
qui je suis ; vous seule avez pé-

nétré mon secret….. — C'est fort bien ; mais à présent que je me le rappelle, cette jeune fille a pour vous une tendresse particulière ; son amitié, plus vive encore que la mienne, est mêlée d'une certaine dose de jalousie, qui ressemble à de l'amour. — Je crois en effet que Clarencia ne me voit pas avec in-différence : elle regrettait tout-à-l'heure que je n'eusse pas un frère qui me ressemblât !… — Un frè-re !….. Eh ! mais !…. l'idée est bizarre, folle, extravagante ; …. cependant elle peut nous tirer d'un mauvais pas : il faut en essayer.

Je me rapprochai un peu plus de l'abbesse, qui n'avait conservé aucun ressentiment ; son ton était celui de la bienveillance, et dans ce moment elle ne songeait qu'à

sortir de l'embarras où mon aveu
l'avait placée. Son amour-propre
ne fut point blessé de n'avoir aucune part à mon déguisement ; et
lorsque je lui laissai entrevoir l'a-
mour que je ressentais pour Clarencia, elle ne me fit aucun reproche. Sa bonté continua d'être la
même, et son esprit ingénieux vint
encore à mon secours.

Oui, c'est cela, dit l'abbesse
après avoir réfléchi quelques minutes : ce moyen est le seul qu'on
puisse employer avec succès ; il
fait votre bonheur, il assure mon
repos, conserve ma réputation et
celle du monastère, ensevelit à
jamais le secret de votre séjour en
ces lieux, et me donne un nouveau
droit à votre reconnaissance. Clarencia vous aime ; cette tendre

amitié qu'elle a pour la sœur, sera de l'amour à l'aspect du frère; j'en suis certaine. Votre famille tient un rang distingué, la sienne a quelqu'illustration, et la tendresse de son beau-père, stimulée par votre amour, vaincra les obstacles que sa mère opposerait à votre union. Ecoutez-moi avec attention. Vous vous plaindrez aujourd'hui d'un violent mal de tête, et vous me demanderez devant Clarencia la permission de ne pas quitter votre cellule; demain vous serez plus malade : on craindra une de ces maladies qui sont sujettes à la contagion; je ferai venir un de mes médecins, qui vous ordonnera tout ce que je lui dirai; vous réclamerez l'assistance de votre famille, d'un de vos parens, de votre frère,

par exemple; il viendra demander à me parler. — Mais, Madame, je n'ai point de frère. —
Vous ne me comprenez pas; tandis qu'on vous croira malade dans
votre chambre, où personne ne
pourra entrer, je vous ferai venir;
m'étant procuré des habits à votre
taille, vous vous offrirez à moi
sous le nom de votre frère; Clarencia, présente à cette entrevue,
retrouvera sur la figure du frère,
les traits qu'elle chérissait dans la
sœur; alors nous la mettrons dans
notre confidence : vous sortirez
du couvent sans que votre personne puisse être un sujet de médisance ou de curiosité. Une voiture,
que j'aurai soin de faire trouver à
quelques pas du couvent, vous
transportera chez vous. Votre fa-

mille, instruite par vous-même, sentira la nécessité de garder le silence sur cette aventure ; elle s'empressera de voir le marquis de Céantos, pour lui demander la main de sa belle-fille ; et quelques jours après la sortie de Clarencia, ajouta-t-elle en souriant, nous ferons évader Angélique. — Quoi ! Madame, dis-je en me précipitant aux genoux de l'abbesse, votre bonté ne se lasse point ! — Etourdi, me dit-elle, contenez - vous, et respectez mes volontés : dès aujourd'hui même nous mettrons mon projet à exécution ; je vais ouvrir mon appartement, et prendre avec vous un ton sévère : il me suffira de vous traiter froidement pour éloigner de vous toutes celles qui aspirent à vous remplacer auprès de moi.

L'abbesse avait raison ; les religieuses, qui s'aperçurent d'un re-
froidissement entre nous deux , se
hâtèrent de prendre parti contre
moi, et je me vis abandonné de
toutes les sœurs. Je me renfermai
dans ma chambre ; le bruit de mon
indisposition courut dans le monastère , personne ne la révoqua en
doute. Le lendemain mon mal em-
pira ; le médecin arriva , il interdit
l'entrée de ma cellule : Clarencia
fut la seule qui se chagrina de cette
défense. Lorsque la nuit fut venue,
et que tout le monde fut retiré,
l'abbesse m'annonça que les préparatifs étaient faits. Le surlendemain on répandit, dans la communauté, le désir que j'avais manifesté
de voir quelques-uns de mes parens , et tout réussit au gré de nos
souhaits.

On ne saurait se faire idée de la surprise de Clarencia lorsque je parus devant ses yeux sous mon véritable habit, et du plaisir qu'elle manifesta en apprenant que le frère et la sœur ne formaient qu'une seule et même personne : elle approuva notre projet, et je m'éloignai sans obstacle de ce couvent, où je laissai l'amour sous la garde de l'indulgente amitié.

CHAPITRE DERNIER.

Raphaël dans sa famille. — Conclusion à la façon des Romans de 1738 et de 1820.

On était chez moi dans une inquiétude extrême sur ce que j'étais devenu ; Angélique avait raconté la manière dont je m'y étais pris pour la sauver, et Don Fernand, en rendant justice à cette action, ne pouvait s'empêcher de redouter pour moi les suites d'une pareille étourderie. Ma mère se désespérait en songeant à tout ce qui pouvait m'arriver ; elle redoutait la vengeance de

Pancracio, celle des Moines et de l'Inquisition. Mes frères et mes sœurs se désolaient à qui mieux mieux; les domestiques, imitateurs nés de leurs maîtres, pleuraient d'avance ma mort. Enfin, tout le monde, dans la maison, était convaincu que je ne reviendrais plus, lorsque, descendant avec précipitation de la voiture, je franchis le seuil de la porte cochère, et traversant rapidement la cour, je gravis l'escalier et me présentai dans le cabinet de mon père. Sa joie et son étonnement furent extrêmes; je me jetai dans ses bras : il me retint et me couvrit de larmes et de baisers. Je sentais son cœur battre contre le mien avec une force qui trahissait la violence de son émotion. Mon fils ! mon cher Raphaël ! me dit-il en me serrant avec force contre son sein ; et je sentais ses pleurs ruis-seler sur mon visage : sa main trem-blait en me caréssant, et son sai-sissement devint si fort, que je fus obligé de le prier de s'asseoir dans le fauteuil placé devant son bu-reau.

La rapidité avec laquelle j'avais traversé la cour avait alarmé le concierge ; il courut sur mes pas en répandant l'alarme. Comme il m'avait suivi de loin, il se doutait que l'étranger qu'il poursuivait était entré chez Don Fernand ; aussi-tôt la porte s'ouvrit avec fracas, et je me trouvai, en un clin-d'œil, en-touré de toute ma famille. Je fus fêté, grondé, embrassé, ques-tionné, caressé ; je racontai dix fois mes aventures, et leur récit ne

pouvait satisfaire la curiosité de
ma famille. Ma mère elle-même,
malgré l'amitié qu'elle portait aux
Moines, voulut connaître tous les
détails de la mésaventure de Pancracio, et du séjour de la Mission à Massilia. La peinture de
l'avarice et de l'ignorance de ces
Missionnaires diminua un peu de
son enthousiasme pour eux, et
mon voyage égaya tellement Dona
Isabella, qu'elle ne me parla point
du vœu que j'avais fait dans ma
maladie.

Le reste de la journée fut con-
sacré au plaisir que faisait naître
mon retour. Le lendemain je passai
dans le cabinet de mon père, auquel je confiai mon amour pour
Clarencia. Il l'avait vue une ou
deux fois chez le marquis, et mon

choix, auquel il avait présidé par le plus singulier hasard, lui parut une récompense que le ciel m'accordait pour avoir sauvé notre jeune parente des mains de l'Inquisition; il me promit d'aller faire lui-même la demande de Clarencia à la marquise. Lorsqu'il eut donné connaissance de ce projet à Dona Isabella, elle se récria d'abord sur mon parjure prétendu; mais, mon père, qui était doué d'une grande fermeté, lui ayant annoncé que ce mariage lui convenait sous tous les rapports, ma mère n'osa plus s'y opposer; seulement elle ne put s'empêcher de faire remarquer que les couvens étaient bons à quelque chose, et que sans eux je n'aurais pas découvert l'objet que le ciel me destinait.

Don Fernand alla, le même jour, chez la marquise de Céantos ; elle était seule : il lui fit la demande de Clarencia, qu'elle refusa d'abord sous prétexte que sa fille avait un goût décidé pour le cloître ; mais lorsque mon père lui eut avoué qu'il connaissait toute sa conduite envers sa fille, et qu'il eut déclaré qu'il la prenait sous sa protection ; la marquise, confondue, changea de langage. Elle n'était point accoutumée à la résistance, et, pour la première fois, elle trouvait un adversaire qui se montrait le protecteur de celle qu'elle persécutait si injustement. Elle craignit qu'on n'exposât sa turpitude au grand jour, et le serment d'un secret inviolable la décida à donner son consentement.

Celui du marquis était facile à obtenir ; il fut enchanté de resserrer les liens d'amitié qui l'unissaient déjà à ma famille , et , secondé par mon père, il se montra, dans cette occasion, favorable aux désirs de sa belle-fille : ce fut lui qui alla la retirer du couvent. L'abbesse , à laquelle nous devions de si grandes obligations, mit le comble à ses bontés , en faisant presser notre hymen , et le jour même où je m'unis à Clarencia , il ne fut question , dans tout Madrid , que de la fuite d'une religieuse qui s'était échappée du couvent des Carmélites.

Le secret le plus profond ensevelit toutes mes aventures, et deux personnes qui , forcées par leurs parens d'embrasser la vie ecclésiastique , auraient peut-être donné, dans les cloîtres, le scandale de la dissipation et de l'oubli de leurs devoirs, devinrent, grâces aux circonstances qui changèrent leurs destinées, des modèles de fidélité conjugale. Tous les sentiers conduisent au même but; cependant il est plus beau de retourner au néant par le chemin de l'honneur, de la vertu, de la probité, que d'arriver à l'oubli par le chemin du vice et de l'infamie.

F I N.

TABLE

Des Chapitres contenus dans le second Volume.

—

LIVRE TROISIÈME.

FIN DE LA TABLE DU SECOND ET DERNIER VOLUME.

OUVRAGES NOUVEAUX,

Qui se trouvent chez T^{le}. GRANDIN, Libraire, rue du Cloître St.-Benoît, N°. 12.

LES MISSIONNAIRES, ou la FAMILLE DU PLESSIS; par M. DE ROUGEMONT, auteur du *Rôdeur Français*, du *Bonhomme*, etc.; 2 v. in-12, de 13 feuilles chacun, ornés de deux jolies gravures, dessinées par Chasselat. Prix: 5 fr.

La première Édit. de cet ouvrage, dont le nom de l'auteur garantissait le succès, est presqu'épuisée.

LES FEMMES ou RIEN DE TROP, traduit de l'anglais du docteur MATHURIN, auteur de *Bertram*, par Madame ELISABETH DE BON, 3 forts volumes in-12. Prix : 7 fr. 50 c.

Ce Roman, qui jouit en Angleterre d'un succès mérité, a encore gagné en passant dans notre langue, sous la plume de Madame DE BON.

LE DROIT DU SEIGNEUR, ou la FONDATION DE NICE DANS LE MONTFERRAT, aventure du treizième siècle, traduit librement du FODERO de Jules Colomb, avec des anecdotes et des notes y relatives, par M. J. SAINT-ALBIN, auteur des *Trois Animaux Philosophes*, des *Contes Noirs*, 1 vol. in-12. Prix : 2 fr.

Ce petit Ouvrage, qui est extrêmement piquant, présente l'exposé complet de tout ce qui a rapport au droit du Seigneur. Voltaire et J.-J. Rousseau ont regreté que cette Nouvelle de Jules Colomb ne fût point traduite en français. Le titre de cet ouvrage ne manquera pas d'exciter la curiosité de nos Dames, qui y trouveront une lecture agréable.

Pour paraître incessamment.

LE MOUCHARD, ou les AVENTURES DU COMTE DE ****, par M. DE ROUGEMONT.